知识生产的原创基地
BASE FOR ORIGINAL CREATIVE CONTENT

Remote, INC.

How to Thrive at Work …
Wherever You Are

如何远程
高效工作

[美] 罗伯特·波曾（Robert C. Pozen） 著
亚历珊德拉·萨缪尔（Alexandra Samuel）

赵菁 译

中国广播影视出版社

图书在版编目（CIP）数据

如何远程高效工作 /（美）罗伯特·波曾,（美）亚历珊德拉·萨缪尔著；赵菁译.— 北京：中国广播影视出版社，2022.8

书名原文：Remote,INC.:How To Thrive at Work⋯Wherever You Are

ISBN 978-7-5043-8861-2

Ⅰ.①如⋯ Ⅱ.①罗⋯ ②亚⋯ ③赵⋯ Ⅲ.①公司—企业管理 Ⅳ.①F276.6

中国版本图书馆CIP数据核字(2022)第104288号

北京市版权局著作权合同登记号 图字：01-2022-2749 号
REMOTE, INC.: How To Thrive at Work⋯Wherever You Are
by Robert C. Pozen and Alexandra Samuel
REMOTE, INC., Copyright © 2021 by Robert C. Pozen and Alexandra Samuel
Published by arrangement with HarperBusiness, an imprint of HarperCollins Publishers, through Bardon-Chinese Media Agency
Simplified Chinese edition copyright © 2022 by Beijing Jie Teng Culture Media Co., Ltd.
ALL RIGHTS RESERVED

如何远程高效工作

[美] 罗伯特·波曾 (Robert C. Pozen) 亚历珊德拉·萨缪尔 (Alexandra Samuel) 著
赵 菁 译

策　划	颉腾文化
责任编辑	任逸超　马　腾
责任校对	张　哲
出版发行	中国广播影视出版社
电　话	010-86093580　010-86093583
社　址	北京市西城区真武庙二条9号
邮　编	100045
网　址	www.crtp.com.cn
电子信箱	crtp8@sina.com
经　销	全国各地新华书店
印　刷	北京市荣盛彩色印刷有限公司
开　本	640毫米×910毫米　1/16
字　数	226（千）字
印　张	17.5
版　次	2022年8月第1版　2022年8月第1次印刷
书　号	ISBN 978-7-5043-8861-2
定　价	69.00元

（版权所有 翻印必究·印装有误 负责调换）

Industry Praise | 行业赞誉

《如何远程高效工作》是一本及时而又实用的远程工作指南，指导我们如何重新恢复精力、重新赋能，并将全部注意力放在真正重要的工作上。

——阿里安娜·赫芬顿

Thrive Global 公司创始人兼首席执行官

远程办公已经成为这个世界的主流，并且将一直持续下去。本书是带领我们进入这个美丽新世界的指南针。

——戴维·鲁宾斯坦

凯雷投资集团（Carlyle Group）联合创始人兼联合首席执行官

远程办公是一项可以习得的技能，而《如何远程高效工作》这本书是提高你学习速度的最佳读本。读完就能立刻上手，为你和你的团队提供最大的助力！

——巴布·拜登

Peloton 公司全球事业部高级副总裁

《如何远程高效工作》为不知如何上手工作的我们提供了一本详尽的指南，为员工、经理和自由职业者成功赋能，是专业人士必备的工具书。

——珍妮·鲁尼

《福布斯》杂志首席营销官、网络运营部门主席

如果你需要了解企业领导和员工无论身处何地都能高效办公，《如何远程高效工作》一书能解答你的所有疑问。

——雷吉·托马斯

Sprinklr 公司首席执行官

Introduction | 导言

你应该在吃早餐之前查看电子邮件，还是在用家里的电脑（处理工作）前留出一些私人时间（查看）？你需要每天跟你的下属远程交流，还是相信他们正在按照既定计划稳步开展工作？你应该抽出一天的时间只写工作备忘录，还是尽量在各种在线工作会议之间插空完成工作？在Zoom上加入工作会议电话时你要打开摄像头吗？还是一边听，一边悄悄地洗碗？

以上都是远程办公者每天要面临的颇为典型的问题。由于新冠病毒的肆虐，很多人开始尝试在家办公，并且祈祷这种办公方式只是暂时的；还有很多人已经远程办公多年，（这些人）要么是全职要么是兼职。

无论哪种情况，我们现在都必须面对的现实是：远程办公已经成为大势所趋。我们也正在学习如何在家远程办公，而不必依赖于避风港般的工作场所或庇护所般的当地咖啡馆。即使是已经长期从事远程办公的工作者，也可能难以适应随着远程办公成为主流而出现的期望和随之形成的规范。

远程办公的环境已经变得非常具有挑战性，你必须在这种环境中找到使你获得最大工作效率的工作习惯和协作策略。但你不是一个远程工作者——你是一家远程办公企业。

远程办公企业意味着我们要像"一个企业"一样思考。无论你是在大公司、管理小团队，还是自由职业者的职业生涯早期，你都应该试着像一个经理一样思考和行事。

这是因为每一个在家的远程办公者，本质上就像运作一个独立企业。你的经理就像你的客户，而你则是服务提供商。由你的经理向你下产品和服务订单，而你需要按时在预算内完成这些订单。

这意味着你应该将你的工作分解成一系列可交付的订单：每一个订单你都需要对其负责，无论是一个新发布的营销计划，还是一个软件的新功能，甚至是新员工职业道德指导手册。

当你将自己看作一个远程办公企业时，你既要担负一个经理的责任，也要具有灵活性和独立性。这意味着你要从产出和终端产品的角度来思考，而不是只考虑工作计划和时间表；同时也意味着你要分清主次和目标，有自己的步调和节奏，而不用因为现代朝九晚五的工作方式被迫改变自己目标的优先顺序。

并不是终生远程办公者才能阅读本书，因为通过阅读本书你可以习得一些提高工作效率的技巧和思维习惯，当你回归办公室工作后，即使只是部分时间，这些技巧和思维方式也能给你带来很好的助力。学会像经理一样思考会让你更有效率、精力更集中，时间管理技能得到提升，更高效利用生活中的每一天。

同样重要的是，像一个企业一样去思考会让你在经理和客户的心目中更有价值。管理一个每天需要不停见面交流的分散团队对任何一个企业都是巨大的消耗，但如果要想让远程办公的员工有效地利用他们的时间，则需要每天甚至每小时都这样做。如果能够像一个企业一样思考，远程办公的员工便可以通过提供一致、高质量的产出，同时只需很少的监督人员和基础设施，从而解决了内耗这个问题。你的目标是使自己作为远程办公人员成为经理最喜欢的分支机构：能够积极思考、有效协作，并能取得显著成效的可信赖的供应商。

解决远程办公问题

为了让你获得实用的策略和工具，提高你的工作效率，从而使你对于经理或者客户来说更具有价值，我们首先来研究是什么使远程办公区别于传统的去公司上班,以及你在远程办公的过程中面临的各种挑战。

现代的工作场所,起源于工业革命以及向工厂生产的转移,它的存在是为了解决一个主要问题:如何协调一群完全不同的人,使他们一起工作时比分开工作时效率更高?

长期以来,集中式工作场所(以及等级制度化企业)是我们回答这一问题的最佳答案。让每个人都进入同一栋楼,或者让他们坐在一排排的隔间里,使他们信息交换(包括书面的)变得更容易,能(面对面地)产生各种想法或(在白板上)协作。

电脑和互联网的出现改变了这个答案:短短几十年内,它实现了即时(通过电子邮件、网页或消息)交换信息,(通过 Zoom 或 Slack 召开电话会议)远程交流想法,或(通过 Miro 或 Google 文档)进行全球协作。

起初,是大公司挖掘了综合全球劳动力这一潜力,使用内网将分散在各地的工作者集中在一起,好似围绕着一个中心的辐辏。最后,人们和所有企业发现,如果曼哈顿的总部可以连接柏林或班加罗尔的卫星办公室,那它也同样可以连接在波士顿或伯明翰的分公司。自此以后,远程工作的时代到来。

虽然新冠疫情加快了这种过渡,但向远程办公的转型是信息技术带来的必然结果,为我们提供了一个替代集中、等级制度化企业的选择。技术使协调合作变得可能——但我们仍然需要弄清楚如何在技术和社会的层面实现远程工作。

当你在办公室工作时,关于协调合作的问题可以由任何个人在同一个地方及时解决。当你在家办公时,这个问题则必须由你来解决。

这就体现了本书的价值所在。远程办公是一种习得的技能:它需要时间和精力来解锁居家办公带来的工作效率的增长。一旦人们扭转了自己的思想,他们就会对远程办公产生极大的热爱。而要扭转自己的思想,你应该开始像一个企业一样思考——拥有一个有出色表现的企业的思维模式和技能。

本书将帮助你获得远程办公所需的关键能力。我们给出的具体战略和策略取决于你是否对工作的看法发生根本性转变，以便你可以像经营自己的企业一样开展你的工作。

使本书适应你的需求

对在办公室工作的白领或者拥有一定技能的专业人士，以及那些自由职业者来说，向企业思维模式的转变最为容易。而对那些处于辅助地位或者刚入职的新员工，他们的日常工作任务是由经理每天或每小时布置：如行政人员、客户服务代表和电话营销人员，他们在远程办公时可能很难做到自主安排工作。当然，采用混合办公模式可以允许更多的工作人员在办公室工作与远程办公之间达到平衡。

你实现"企业思维模式"的能力也将取决于你的企业或经理的整体战略。有些企业迅速接受了远程办公作为提高工作效率、降低成本和增强员工参与度的一种方式。通过让团队更加自主地安排工作并且支持有效地在家办公，这些企业创造了双赢的局面：员工享有更大的灵活性、能更好地平衡工作与生活，而企业则获得更好的产出和更稳定的劳动力。如果你的企业已经采用了远程办公的模式，你会发现自己采用"企业思维模式"相对容易一些，因为你们公司会支持你为自己的工作效率和结果负责的努力。

即使你是相对初级的员工，或者你们公司采用的是更分散的模式，本书提供的方法、战略和战术仍然对你有用。你可以学习如何确定目标的优先级，专注于终端产品，不再做无用功，这些都将帮助你有效地利用你的时间，并提供更好的产出；掌握基础技术和现代通信工具将提高你的效率。随着你展现出能交付优秀产品的能力，以及你的企业在远程办公中变得更有效率，你将逐渐拥有"企业思维模式"。

你的专属顾问委员会

如果这一切听起来仍然像是对你工作模式的看法的一个大转变,请放心,本书拥有一个强大的顾问团队,那就是:我们!我们每个人都有远程办公的个人经验,以及使用所需工具的知识,我们希望帮助你成功地形成"企业思维模式"。

鲍勃是本书细心的策划者,曾在很多大型公司工作并管理过相当大的团队。他对提高工作效率的热情可追溯到他职业生涯的最早期,当时他在纽约大学法学院教授法律和经济学,后又成为美国证券交易委员会的副总法律顾问。之后,鲍勃被招募到富达投资公司,当时这家公司规模相对较小,管理的资产只有650亿美元。通过对自己的时间和工作效率的精确把控,他被擢升为投资公司的总裁。到他退休时,他将公司管理的资产发展到了近1万亿美元。

在离开富达投资公司后,鲍勃被要求加入总统的加强社会保障委员会,后来又就任了马萨诸塞州的经济事务部部长,这个职务让他能够把在金融机构不断改善的工作效率提高战略应用到政府部门和政策制定中。接下来他又担任了全盛(MFS)资产管理公司的执行主席,他使该公司管理下的资产翻倍,达到近3 000亿美元,同时还在其他几个公司董事会任职,并在哈佛商学院教授一门完整的课程。

鲍勃在提高工作效率方面获得的声誉使他被邀请为《哈佛商业评论》撰写文章,文章中他分享了一些使他获得如此高的专业成就的秘密。读者对他的这篇文章反响非常热烈,然后他又写了一本书《极端生产力》,阐释他的成功秘诀。《极端生产力》在 Fast Company 2012年最佳商业书籍排行榜上名列第三,并被翻译成10种语言。鲍勃现在麻省理工学院的斯隆管理学院任教,为来自世界各地的高管讲授包括个人生产力等的多门课程。

亚历珊德拉是一位充满激情的技术专家,曾任职于全球多家最大的科技和媒体公司。她职业生涯中的大部分时间都是远程工作：20 世纪 90 年代，作为哈佛大学的博士生，她写的论文成了全世界最早关于互联网的论文之一，同时她还领导了一个世界多个国家参与的数字行政管理研究计划。后来，她成立了社交信号（Social Signal）公司，是当时全球最早的社交媒体机构之一，并为许多国家和国际企业建立在线社区，其中有很多都是在她家的客厅里成型的。

作为两个年幼孩子的母亲，亚历珊德拉回归传统工作场所，担任了艾米丽卡尔大学社交及互动媒体中心的研究主任，后来又成为客户信息收集公司 Vision Critical 的社交媒体副总裁。这些年来亚历珊德拉依靠越来越多的技术工具来保证自己专业和个人生活的水准，还为著名主持人奥普拉·温弗瑞的个人网站 Oprah.com、《大西洋杂志》和《哈佛商业评论》撰写文章。

亚历珊德拉于 2012 年重新开始远程工作，以便她可以在家教育她患有自闭症的儿子，同时全职从事技术和数据记者工作。她现在是《华尔街日报》的固定撰稿人，经常在上面发表有关工作效率和远程工作的技术支持的文章。她为哈佛商业评论出版社撰写了《利用社交媒体更好地工作》(*Work Smarter with Social Media*) 系列，并作为数据记者在过去 4 年连续为《福布斯》杂志撰写了"福布斯年度全球最具影响力首席营销官报告"。超过 5 000 名学生选修了她的技能分享课程——电子邮件生产力：让你的工作邮箱更智能。

这本书提炼了我们通过两种截然不同的职业获得的策略和战术。我们还借鉴了许多同事的经验，以及现存的关于远程办公的研究和调查。如果我们的推荐来自某项研究，我们会在引文中注明相关来源。

如何使用本书

本书内容涉及广泛，详细介绍了如何在远程办公中最大限度地提高工作效率。但我们知道，要提高在家办公的效率，需要的一些基本技能无异于现代工作场所中所需的技能，如管理你的时间、优化你的技术、召开有效的会议、写有说服力的电子邮件，以及使用社交媒体。因此，我们会解释在所有这些领域中需要的关键概念并提供必要的工具，以帮助你应对远程办公面临的特殊挑战。

现在，让我们来介绍如何最大化地利用本书内容。如果你只想了解本书的亮点，则只需阅读每章末尾的"要点总结"即可。这个方法非常节省时间，但只限于浮光掠影，也能帮你决定要继续详细阅读哪些章节。

要了解远程工作生产力背后的核心概念，请阅读第一部分企业思维模式及如何应用。我们强烈建议读者仔细阅读第 1 章和第 2 章，因为它们是阅读全书的基础。要加强你对生产力的理解，请阅读第二部分"远程工作者的三大关键策略"，即设定目标、专注终端产品、扫除小障碍。本书的前两部分为你提供了关于远程工作和个人生产力的新的思维方式，你可以利用接下来我们给出的实用建议。

之后的部分就变得更具战术性了：它是针对想要学习关键领域的具体操作方法和技术的读者的。你可以重点阅读那些能解决你所面临的最严峻的挑战或为你解锁关键生产力的章节。

第三部分"成为一个井井有条的远程工作者"将展示如何管理时间、技术和家庭工作空间。（如果你想要了解的是技术上的修复或改进措施，请重点阅读这几章以及第四、五部分的"深度使用技术工具"部分）

第四部分涵盖了参会、阅读和写作的基本技能：这些对任何知识工作者都很重要，但我们额外提供了与远程办公中存在的挑战和机遇相关的建议。

第五部分主题是最令远程办公者困惑或为他们赋能的现代通信工具：电子邮件、短信、社交媒体和展示汇报。

第六部分"在远程工作中收获成功"帮助你将从本书中学到的所有知识应用到你职业生涯的下一年或十年。我们着眼于人们在混合工作环境中工作的未来,也许人们将部分时间在家办公,部分时间待在办公室里,并将帮助你了解这对你的职业选择有什么影响。

最后,将向你展示如果能够像一个企业一样进行远程办公,它会为你带来什么益处。

在每章的末尾,你会找到"来自远程工作者们的分享",他们成功地应对了远程办公的复杂性,并分享了自己的经验和见解,使其他远程工作者能更加轻松、充实。虽然每个建议和每章的主题并非完全相关,但也使得每一章节更加完整。所以,即使你要跳过某一章不看,也请阅读一下这些建议。

在你踏上这段旅程之前,建议你找一群也在考虑如何提高工作效率、想要有更好的远程工作体验的同事。线上阅读或讨论小组将帮助你从本书中获得更多收益,这是你的团队克服远程工作的挑战、彼此建立更好连接的好办法。更重要的是,通过学习这些策略,你们将拥有一套属于自己的术语和策略,让工作更有效率。当你们采用本书分享的思维方式、策略和技巧时,将被赋予巨大的工作能量。

Acknowledgement | 致谢

本书正是远程工作在合作的优势下获得成功的证明——这个成功并不仅仅属于我们自己。我们写这本书甚至都不用见面，也还有很多促成了这本书的诞生的人我们也都没有见到。

我们的研究助理彼得·霍夫曼（Peter Hoffman）和凯文·唐尼（Kevin Downey）在极短的时间内进行了广泛的研究，以便我们的建议可以囊括来自管理学和心理学，以及其他领域的精辟见解。他们能够识别和综合与远程工作相关的最重要的信息，以及他们对跨时区工作的欣然接受，对我们成功完成这本书至关重要。我们也感谢杰西·威克斯特罗姆（Jessse Wickstrom），他也为我们提供了学术支持。

我们的经纪人詹姆斯·莱文（James Levine）在我们思考并创作本书的过程中给予了大力支持。因为有了他的指导和支持，我们在不到 4 周的时间内将一个想法变成了一个出版合同——这个奇迹为接下来的努力奠定了基础。从我们最初的谈话到完成初稿，他的建议帮助我们在给远程工作者的建议方面找到了合适的范围和重点。

哈珀柯林斯出版社的编辑霍利斯·海姆布奇（Hollis Heimbouch）一直是我们出版这本书的真正合作伙伴。从我们的第一次谈话中，她就清晰地阐述了本书可以如何在鲍勃的上一本书《极端生产力》的成功基础上，为数百万正在适应远程工作的人提供帮助。她的详细修改意见对我们修订本书的终稿功不可没。我们也感谢乔什·卡普夫（Josh Karpf），这位文案编辑细致的工作从本书的每一页中可见一斑。

民调公司 Maru/Blue 慷慨地提供了他们的综合调查小组，以便我们能够调查远程工作者的意见，并收集我们自己对自主权、对远程工作影响的见解。安德鲁·格伦维尔（Andrew Grenville）对我们设计调查问卷和分析结果提供了关键性指导。约翰·赖特（John Wright）帮助我们将这项调查与Maru/Blue公司正在进行的关于转向远程工作的研究联系起来，这样我们就可以在新冠疫情期间持续追踪远程工作者对远程工作的态度。丹尼尔·法齐鲁丁（Daniel Faziluddin）设计了问卷调查的问题，并迅速地将结果告知我们，以便我们可以公布最新的数据。

我们要感谢我们手稿的4位最早的读者，他们的真知灼见对本书的基调和内容产生了深刻的影响。杰罗姆·卡根（Jerome Kagan）提醒我们要注意像一个企业一样的思考模式给新员工带来的特殊挑战；考特尼·帕格内利（Courtney Paganelli）鼓励我们梳理关于社交媒体和演讲的章节，以便能更具体地关注远程工作者面临的挑战；蕾妮·弗莱（Renee Fry）帮助我们从远程企业经理的角度来考虑像一个企业一样工业的思维模式，这样本书才能成为经理们也想要与团队分享的资源；摩根·布雷顿（Morgan Brayton）的反馈是我们为远程企业辩护的灵感来源。更重要的是，他让我们这两个养狗的人意识到一些家庭办公室里也有猫的存在。

其他好友提出的建议也加入了本书的字里行间或者封面。你在封面上看到的沙发和笔记本电脑来自艾米丽·卡尔大学设计副教授海格·阿曼（Haig Armen）所提的建议。Sprinklr公司的妮可·萨米特（Nicole Summitt）指导了我们撰写推荐具体行动的电子邮件，艾莉克斯关于数字合作的想法正是源于与她们的合作。有几个章节包括了艾莉克斯之前发表过的建议，所以她想感谢那些帮助她提出这些建议的编辑：《华尔街日报》的拉里·拉特（Larry Rout）、伊丽莎白·西（Elizabeth Seay）和罗伯·托斯（Rob Toth）；Medium公司旗下Forge杂志的艾米·舍恩（Amy Shearn）和卡里·罗姆·纳泽尔（Cari Romm Nazeer）；《经验》杂志的乔安娜·韦斯（Joanna Weiss）；《哈佛商业评论》的阿尼亚·维克科夫斯基（Ania Wieckowski）。

最重要的是，我们要感谢我们的家人支持了我们整个的写作过程，这样我们就能够尽快把这本书交到读者手中。艾莉克斯的丈夫罗伯·科廷汉姆（他也是本书最早的读者之一，提供了深刻的见解）、她的孩子——麦加和约拿及她的母亲黛博拉·霍布森（Deborah Hobson）都通过做饭、遛狗、提供情感上的支持为本书的写作作出了贡献。鲍勃的妻子莉兹是一位极具包容心的伴侣，她陪着他经历了长达数月的书稿撰写和修订。她的耐心和智慧一直是他灵感的来源，而她的温柔体贴陪伴他度过了近45年的婚姻。

最后，我们要感谢与我们分享他们宝贵经验的远程工作者，以便让我们了解他们的知识和见解。我们特别感谢这16位分享者，他们与我们促膝长谈，分享自己的经验，你们可以在书中读到他们的感悟：休·埃文斯、玛吉·克劳利·希恩、艾丁·米勒、西蒙·亚历山大、艾米·莱特霍尔德、卡特里娜·马歇尔、科里·布兰斯特罗姆、迈克尔·摩根斯坦、霍利斯·罗宾斯、贝丝·坎特、马歇尔·柯克帕特里克、吉姆·王、索伦·汉比、道恩·迈尔斯、伊罗·博加和纳基塔·诺曼。还有很多远程工作者的分享对我们也有所启迪：我们的朋友和同事，我们社交媒体上的伙伴，我们的调查的受访者，接受了我们的采访但并没有出现在书里的远程工作者，在狗狗公园和我们聊天、分享他们远程工作中遇到的困难的人们。有时，我们感觉2020年只是一场关于如何适应在家工作的超长对话，我们很幸运地在这么多不同的背景下窃听了这段对话。

现在由你与自己的同事、朋友和家人继续这场对话。我们希望这本书，以及所有促使它诞生的人，都能见证一个伟大的开始。

Contents | 目录

REMOTE, INC.

**第一部分
像一个企业
一样思考**

第 1 章	你就是一个企业	003
第 2 章	让新模式为你所用	017
第 3 章	管理一个远程工作团队	037

REMOTE, INC.

**第二部分
远程工作者的
三大关键策略**

第 4 章	确定目标的优先级	055
第 5 章	关注最终产品	069
第 6 章	不在小事上浪费时间	077

REMOTE, INC.

**第三部分
成为一个
井井有条的
远程工作者**

第 7 章	管理你的时间	093
第 8 章	善用技术工具	107
第 9 章	布置办公空间	119

第四部分
远程工作者必备基本技能

第 10 章	充分利用各种会议	133
第 11 章	在线阅读和离线阅读	153
第 12 章	独自写作和协同写作	167

第五部分
有效的线上沟通

第 13 章	电子邮件和信息：避免信息超载	187
第 14 章	社交媒体：打造你的个人形象	209
第 15 章	演讲：创造影响力	223

第六部分
在远程工作中收获成功

第 16 章	黄金组合模式	239

结语	255
附录　关于数据	263

第一部分
像一个企业一样思考

本书是帮助你解决在远程办公过程中可能会遇到的诸多问题的实用指南。但事实上，如果你仍然延续过去每天在办公室里的那一套工作方式，你就无法解决这些问题。这就是为什么我们想请您改变已有的思维模式，转而接受一种新的思维模式——一种帮助你在工作时更快乐、更高效的思维模式。

这个模式的本质是将自己的工作视为一个企业，从而获得一个小企业主的思维习惯和技能。通过这个思维模式得到的工作成果可以让你的经理或客户发出惊叹，同时你还能享受在家工作的最佳好处——弹性工作时间。本节的第 1 章将带你了解什么是像一个企业一样思考，并向你展示这种思维模式的基础。

理解这个模式是有效利用本书提到的所有策略、技能和建议的关键。但是我们知道，按照企业模式进行思考，思考结果会依据你的角色和环境的不同而有所不同。因此，接下来的两章将更深入地挖掘并思考如何使你的思维模式更适应你的需要。

在第 2 章"让新模式为你所用"中，我们将审视你的就业结构（即你是一名员工还是自由职业者）以及你的营销能力（你的客户或经理更换你的难度有多大）如何形成了你的远程工作模式。我们引入了间断式协作这个概念（它将帮助你从团队中获得更多自由），以及一些可以帮助你从经理那里获得更多自由的策略。

在第 3 章"管理一个远程工作团队"中，我们转换一下视角，因为我们知道你可能是一名远程工作者和团队领导。如果你是经理，你需要弄清楚如何让这个模型适用于你的整个团队。如果你现在不是经理，但你希望有一天成为一名经理，阅读本章应该能让你更好地了解你的经理面临的挑战。

第 1 章

你就是一个企业

你如何知道自己是否能有真正的产出？

这个是我们对远程工作的看法中最核心的问题。

毕竟，当人们谈论"生产力"时，通常代表的就是一天完成的工作量。如果你认为度过了真正富有成效的一天，则表示你完成的工作比平时多。如果人们形容你是一个有生产力的人，那么在你的工作领域内，你将比大多数人更有成就；如果你在任意工作日交付的工作比平时更多更好，那就表示你的效率很高。

但工作日究竟是什么？当你在办公室办公时，这个问题很容易回答：它是从你进入办公室时开始计算，到你离开办公室这一段时间，加上你上班前或者下班后在家里完成剩余工作所需的时间。

然而，一旦切换到远程工作模式，工作日就会变得很难定义了。你的工作日是从你坐在办公桌前的时间开始算起吗？那你洗碗时接业务电话的时间呢？洗澡时突然产生灵感然后抓紧时间记录在手机的那一刻呢？接业务电话、记录灵感算不算你工作生产力的一部分？在本章中，我们将帮助你重新思考生产力的概念，因为它不再被过去传统的定义局限。首先，我们将认识 8 小时工作制的起源，以及它因当今经济发展模式的更新，尤其是远程办公的出现而产生的局限性。接下来，我们将向你展示一个不同的模式，我们称为像"一个企业"一样思考：它可以帮助你通过专注于工作成果而不是嘀嗒作响的时钟，为你自己和你的企业带来更多产出。最后，我们将向你展示一系列调查数据，这些数据能让你了解怎样才能为远程工作者提供更多自主权，使他们可以像一个企业一样运作，以及他们会带来什么样的收益。

重新定义工作日

大多数企业虽然仍通过 8 小时工作制来定义生产力，但是数百万人已经过渡到了远程工作，这使得这 8 个小时的工作内容和成效很难追踪。尽管如此，员工们仍然被要求以时间表的形式汇报每天的工作，记录他们每时每刻是如何度过的。如果是律师或会计师等专业人士，甚至可能要对账单上的每一分钟负责。即使你经营着自己的企业，你也可能会发现自己几乎一直在注意每分钟工作时间花在了哪里，要么是因为你按小时收费，要么是因为你总是以视频通话的方式向你的客户或员工展示你正在努力工作。

这种对 8 小时工作制的痴迷是过去遗留的产物，当时朝九晚五是最大限度提高生产力、确保员工负责制和量化产出的重要工具。当工业革命给我们带来工厂和装配线时，工厂主将工作时间视为从投资中获取最大化利润的关键。等到工会的工人们赢得每周最多工作 40 小时的权利，管理者们就只能通过这 8 小时获得最大的产出。[1]

然而，随着工业经济向数字化和信息化转变，工作时间不再是量化生产力或向员工问责的有效方法。[2] 员工可以在几个小时内获得巨大产出，也可能花了好几天的时间却毫无成效。事实上，越来越多的研究指

---

[1] Peter Cochrane, "Company Time: Management, Ideology and the Labour Process, 1940-1960." *Labour History* 48（May 1985）, 54, https://doi.org/10.2307/27508720.
[2] Jared Lindzon, "It's Time to Stop Measuring Productivity in Hours", *Fast Company*, April 24, 2020, https://www.fastcompany.com/90492964/its-time-to-stop-measuring-productivity-in-hours.

出,增加工作时间产生的边际效益会随着的时间的增加递减。①此时你可以看到在各种形式的知识工作中,将时间和生产力等同起来所存在的问题。如果你雇了一家广告公司来为你的新视频游戏设计一个广告创意,你主要关心的是广告公司在这个创意上花的时间,还是广告本身是否有创意、能引起瞩目?如果你要求你的销售总监为你找10个新的固定客户,你会根据搞定这些合同所花费的时间还是每份合同的金额来判断这些合同的价值?如果你要求团队中的某个人为即将召开的董事会制作演示幻灯片,你是想要一个华丽的幻灯片展示你们花了多长时间工作,还是想要最有效、设计精良的演示文稿?

为了弥补使用时间来量化生产力存在的明显缺陷,一些经理试图找到计算员工远程工作时间的新方法:跟踪鼠标移动和键盘敲击,拍摄员工在办公桌前工作的视频截图,或者只是让员工不停地接电话或接视频,让他们没有任何空闲时间可以浪费。②但是这种严查更可能导致员工产生倦怠性而不是增加生产力:就在由于新冠疫情的蔓延,人们不得不进行远程工作的仅仅一个月后,一项调查表明45%的员工已经感觉筋疲力尽。③如果8小时工作制如此不适合衡量知识型员工的生产力,为什么这么多经理沉迷于计算员工的工作时数?还是因为过去的老做法:200年形成的习惯不可能在一夕之间改变?计算工作时数提供了一种量化员工工作量并因此计算工资的简单方法。对管理者来说,工作时数提供了一种看似合理但很粗略的方式来跟踪团队状况:如果你花了8小时

---

① Jon Messenger, *Working Time and the Future of Work*, ILO Future of Work Research Paper Series (Geneva: International Labour Organization, 2018), 13, http://englishbulletin.adapt.it/wp-content/uploads/2019/03/wcms_649907.pdf.
② Bobby Allyn, "Your Boss Is Watching You: Work-from-Home Boom Leads to More Surveillance," NPR, May 13, 2020, https://www.npr.org/2020/05/13/854014403/your-boss-is-watching-you-work-from-home-boom-leads-to-more-surveillance.
③ "Nearly Half of U.S. Employees Feel Burnt Out, with One in Four Attributing Stress to the COVID-19 Pandemic", Eagle Hill Consulting, April 14, 2020, https://www.eaglehillconsulting.com/about-us/news/announcements/nearly-half-of-u-s-employees-feel-burnt-out-with-one-in-four-attributing-stress-to-the-covid-19-pandemic/.

进行面对面的视频通话，至少你的经理知道你没去海滩玩！

尽管工作时数跟踪制度可能已经过时，但在企业找到另一种方法来确保对员工，尤其是那些远程办公的员工的问责之前，这种方式将会一直存在。正确的员工负责制也需要对员工更友好：使他们能够高效地工作并交付更好的成果，并对如何支配自己的时间有更好的把控。如果远程工作者能够像一个企业一样思考，就会有这样的效果。

像一个企业一样思考

像一个企业一样思考意味着你要把自己当作自己拥有的小企业，即使你实际上在为一个大企业工作。你的"产品"由你向客户交付的工作组成——如果你是一名员工，那么你的头号客户就是你的经理。你是你自己这个企业的首席执行官、首席营销官、人力资源总监和全体员工，你的工作不仅是完成任务，还要战略性地思考，管理你自己这个"品牌"，并让你的员工——就是你，快乐而富有成效地工作。

像一个企业一样思考让你专注于结果而不是工作时间的长短，以及什么样的结果对你和你的经理最重要。通过帮助你重新思考和规划远程工作方式，这种思维模式将帮你解决员工负责制、生产力和如何量化指标中出现的问题——但是以与过去流行的 8 小时工作制完全不同的方式。

- **员工负责制——以目标为导向**。作为你自己这个企业的首席执行官，你负责实现或支持你的客户提出的目标。如果你是一名员工，这意味着你要对经理或经理设定的目标负责：他们是你的客户。（如果你是自由职业者或你拥有一家企业，你的顾客就是你的客户。）你和你的经理/客户将商讨以确保你非常明确这些目标，这样你就能对要交付的产品负全责。

- **生产力——为你提高**。作为你这个企业的人力资源主管，你的工作是充分了解如何最大限度地提高你的员工的生产力。你应该为自己分配时间和空间以创造最大的生产力，即使这种工作方式可能与你过去的工作方式或者你与团队其他人的沟通方式有所不同。如果你是一名员工，你和你的经理将需要就你的工作模式达成一致，以便让你以最快的速度交付最佳的成果，这样才能符合每个人的利益。

- **量化指标——产出**。作为首席营销官，你需要通过交付可量化的产品来保护和促进你这个企业的声誉。当你向经理或客户阐释你的目标时，你们还将讨论如何量化你在此过程中取得的进展。为了让双方相互了解彼此的想法，远程工作的员工和经理必须就衡量成功的指标达成一致性意见：一份带有时间表的可交付成果的书面清单。然后你就可以通过产出可量化成果的方式来开展工作，并定期与经理沟通以告知对方你的进展。

▶ 管理员工负责制、生产力和量化指标

让我们看看，像一个企业那样思考会如何改变一家医疗用品公司客户经理的日常工作。在旧模式下，部门负责人通过眼睛确认客户经理整天在办公室努力工作，例如开会或在她的办公桌前打电话来确保员工承担了自己的工作职责。经理通过在公司来回走动，阻止员工闲聊或打私人电话，使每个人都始终专注于以客户为中心的工作来管理生产力。而经理可能会就某些员工是否看起来正在富有成效地工作而进行主观判断——也许只是基于他们在休息室度过的时间长短。

但是，当这位客户经理转向远程工作时，原有的负责机制和主观判断会土崩瓦解，因为她不再在经理视野内。现在将由这位客户经理像一个企业一样思考——找出在家工作的最佳方式，为公司带来可量化的产出。

她的客户即她的经理设定了她将负责完成的目标。也许本季度的主要目标是改善客户服务。虽然每个人都认为改善客户服务是有价值的目标，但在远程工作的背景下意味着什么？客户是谁？客户可能是医院管理人员、医生、医疗技术人员或患者，或所有这些人的集合。

为了确保她真的能够为实现这些目标负责，这位客户经理与她的客户——经理谈判，以明确他们的目标。通过一系列商讨，他们一致同意，这位客户经理将负责改善对购买设备的医院管理人员以及实际使用设备的医生的服务水平。也就是说，她将提供更多的培训和支持，以及更快地响应任何询问。这个就指标进行谈判的过程看起来很像任何企业主在谈判合同时所做的工作：只有在知道你需要交付什么之后才能签署合同。

接下来，这位客户经理需要思考她自己的工作效率。她意识到她需要一些不间断的时间来设计企业将提供的培训方式和材料。她还需要更快速地回复来自医院管理人员的电询。由于她主要负责东海岸的客户，可是她人住在加州，因此她至少要在上午回复客户的电话。她建议公司将她的时间都安排在上午，这样她下午就可以专心工作，而她的会议则都被安排在早上——这样在会议间她就有足够的时间回复东海岸客户的来电。

▶像一个企业一样思考带来的益处

从这位客户经理的故事中可以看出，像企业一样思考可以改变你作为远程工作者控制自己计划及与经理沟通的方式。当你的责任、生产力和量化指标达成一致时，你将有如下收获：

- **有的放矢**。一旦你和你的经理或客户就你的目标及如何量化你的进展达成一致，你将更容易专注于真正重要的事务上——因为你会知道它们是什么！

- **获得经理或客户的信任。** 就你的目标和量化指标沟通的过程，以及定期向他们汇报的行为将在你们之间建立透明度和信任。当你有明确的指标可以让你的经理或客户评估你在关键目标上的进展时，他们便不太会对你指手画脚。
- **掌控自己的时间。** 当你像一个企业一样思考时，你就重新定义了工作日的概念，它与你完成的工作有关，而不是你坐在办公桌前的时长。如果你能够用获得工作报酬的时间——甚至可能更短时间内取得这些成果，你就"盈利"了。你能将腾出的时间重新投资在自己的事业上——承担可以提高你升职潜力的其他项目。或者你可以利用这段时间追求个人的目标，过上充实而满足的生活。
- **掌控你的工作方式。** 当你是对工作成果而不是时长负责时，你可以选择在何时何地以何种最佳方式工作。太多围绕远程工作的争议都来自人们试图在为办公室工作设计的管理系统内完成工作，结果把自己扭曲得像一根大麻花。当你开始像一个企业一样思考时，你可以对你的企业以真正有意义的远程方式工作。
- **获得更高效的产出。** 像一个企业一样去工作，获得的最终价值在于你能完成什么。当你以最有效的方式工作，根据你的目标和优先事项调整你的时间，并利用你在家的独处时间来进行专注、深入的工作，你将能够在更短时间内得到更好的产出。你的经理和客户将看到当你像远程企业工作时，对你的思维模式、产出质量和稳定性的积极影响。

你现在应该明白为什么我们提倡像一个企业一样思考了。无论你是远程工作者还是自由职业者，这种思维模式都会帮助你有效工作。你可以从为你的经理或者客户完成关键任务和项目这方面来定义你的工作日，而不仅仅是在你的办公桌前坐上几个小时。

像一个企业一样思考：案例

我们都认识能特别高效地在家工作的人——当然也有效率低得可怜的人。这是因为远程生产力是一种习得的技能，需要一些时间来学习。

研究表明，远程工作人员的生产力随着时间的推移会发生变化，他们对长期远程工作的偏好也会随时间改变。民调公司 Maru/Blue 在 2020 年 4 至 9 月的四轮调查中对 2183 名美国人进行了调查，询问他们在新冠疫情流行的四个不同时期远程工作的生产力和长期兴趣。[①] 他们远程工作的生产力及满意度在前四个月都是稳步上升，然后随着远程工作成为新常态而趋于平稳。

员工、经理和自由职业者都非常希望确保新的远程工作者能尽快适应这种工作方式，而有经验的远程工作者则能继续改进他们的远程工作技能。为远程工作者提供某种程度的自主权——我们称之为"远程企业"模式——似乎有助于加快这个学习和适应的过程。[②]

为了了解整个适应的过程，我们请 Maru/Blue 公司调查了超过 1 000 名远程工作者对工作的自主程度、生产力和对远程工作的感受（参见本书附录中的"相关数据"）。这项调查中有两个结果脱颖而出。

▶ 远程工作是一种可习得的技能

人们远程工作的时间越长，他们就越有可能觉得在家里工作与在办公室工作一样高效。换句话说，远程工作是一种习得的技能。

[①] Maru/Blue, "Eight Months and Counting: How Americans Are Feeling about Covid-19 Headed into Autumn", October 26, 2020, https://marureports.com/wp-content/uploads/2020/10/MaruReports-COVID19-Tracker-Eight-Months-and-Counting-US.pdf.
[②] Ibid.

在图 1.1 中你可以清楚地看到这一点。在 2020 年的初始学习曲线中，与在家远程工作很长时间的人不同，新的远程工作者（那些在新冠病毒大流行开始后才开始远程工作的人），感觉在家工作的效率不如在办公室高。这个结果表明，远程工作的新手对在家工作仍然有很多东西要学习。

随着时间的推移，发生变化的不仅仅是感觉与在办公室效率一样的工作者数量，还有感觉比在办公室效率更高的工作者的数量。在新远程工作者中，只有 1/4 的人认为他们在家比在办公室更有效率。相比之下，在长期远程工作者中，超过一半的人表示远程工作让他们效率最高（见图 1.1）。这个结果与 Maru/Blue 所做的调查一致：认为在家工作效率更高的工作者比例在 4 至 9 月期间增长了 50%。

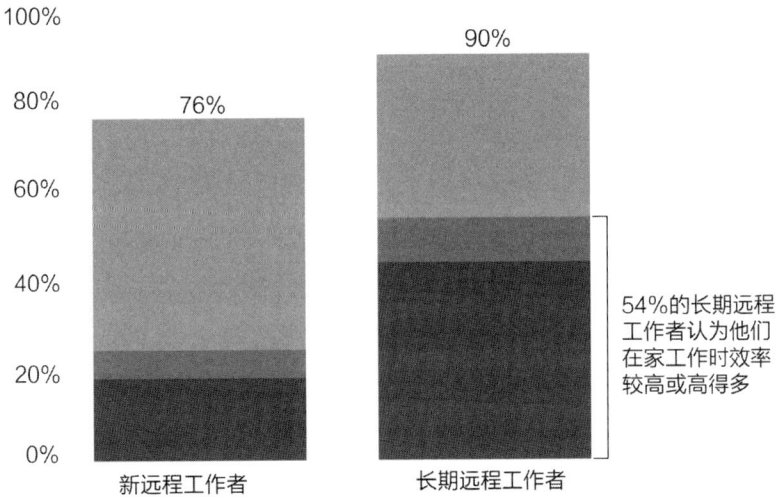

图 1.1 远程工作是一种习得的技能

▶ 工作自主权使远程工作者更有效率

如果远程工作是一种习得的技能，那么工作自主权是这个学习过程的关键。图1.2就清楚地展示了这一点：在具有中等或高度自主权的新远程工作者中，绝大多数（80%）的远程工作者表示他们在家里的工作效率至少和在办公室是一样的。报告中认为自己对工作方式控制较少的低自主权远程工作者中，不到一半的人认为他们的绩效与在办公室工作时持平。由于没有发展出一套提高远程工作生产力的方法，这些低自主权的远程工作者体验到的都是远程工作的缺点，而非它的优点。

要想了解自主权对远程工作的影响力，需要先重点关注一个关键指标：远程工作者对"只要我能完成我的工作，我完全可以自主决定如何做及何时去做"这个观点的认同程度。强烈同意此观点的工作者认为在工作时更有效率的可能性几乎是那些不同意此观点的工作者的两倍（见图1.3）。

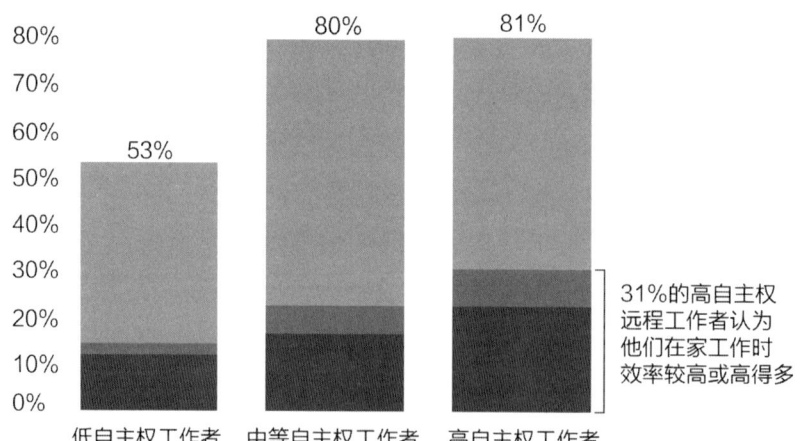

图1.2 远程工作与不同层次的自主权工作者

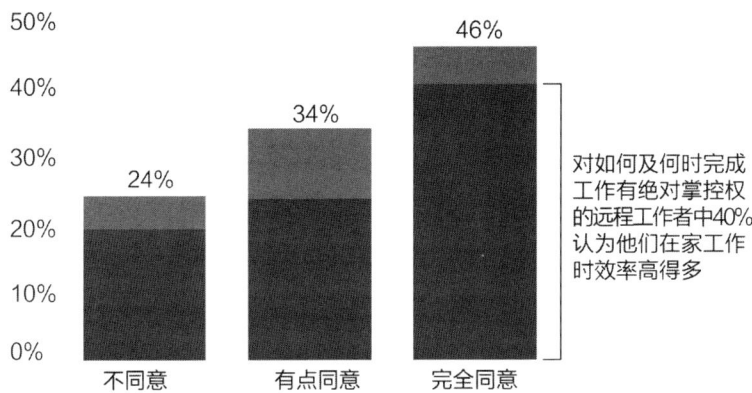

图 1.3 对于如何及何时完成工作的掌控使远程工作者更有效率

以上研究反映了通过以结果而不是时长作为量化指标对生产力的影响。按时长计算工作量的远程工作者对他们的工作方式和时间没有很大的控制权;相比之下,那些以结果作为量化指标的远程工作者则对工作有更多控制权。从图 1.3 中可以看出,能够专注于结果并有自主权的工作者了解如何及何时获得这些成果,他们也更有可能认为在家工作效率较高或效率高得多。

这些数据对任何不熟悉远程工作的人,以及担心新员工生产力的企业来说都是鼓舞人心的。是的,向远程工作方式的转变可能会使老板失去对员工一定程度的监督,但这对经理或雇员来说不一定是坏消息。相反,一旦他们有了一种能够激发其尽自己所能的自主权,员工很快就会学会远程工作,从而取得更多成效。

这种像一个企业一样思考的模式是员工和经理获得这种自主权的较好方式。通过学着像一家远程办公企业那样去思考,使每个远程工作者获得在拥有更多自主权的模式下富有成效地工作所需的思维方式、策略和技能。他们所需的仅仅只是一些耐心及如何适应远程工作的建议——而本书正是这样的指导手册。

来自远程工作者们的分享

休·埃文斯（Huw Evans），管理咨询公司 Point B 的增长总监（Director of Growth），长期以来他一直把自己当作一个企业来运作，他拥有高度的自主权，并且使公司利润获得了可观的增长。

我的主要工作是作为创收者为公司联系类似脸书或谷歌这样的企业，并开启跟他们的合作项目。如果你擅长销售，那你应该知道跟客户面对面交流是很重要的。每个季度你都会和一家大公司的某个执行官坐在一起，而且你还知道他很期待跟你见面。所以我得尽量保证我能跟他们亲自会面。

通常我一年中会有大约 30% 的时间在与客户面谈，我把这些会议尽量集中起来，这样我就可以直接从家里开车出来然后一天大部分的时间都在硅谷各处转悠。剩下的时间则是耗费在了安排会议，或者时刻关注行业头部新闻并努力保持自己的能量水平上。一周有两天我哪儿也不去，但是那两天我也几乎一直是在跟公司内部的人打电话交流，为召开客户会议做准备，并准备要提问的问题。

要找到合适的工作空间真的很困难，如果你住在市中心某个嘈杂的小公寓里，周围堆满了垃圾。我在旧金山北部的新家给了我足够的空间。我现在住的地方很像一个小镇，很像伦敦的郊区，我是在那里长大的。随着年岁渐长，我更加想接近自然，城市对我的吸引力越来越小。

在新冠肺炎出现之前，我们在湾区的团队每到周五都会聚在一起，但我似乎没有太大兴趣。那些聊天、喝酒，都不太吸引我。我需要时间专注于我个人对公司的贡献方面，因为我有点像独行侠。

不过，这并不意味着我是一个孤独的人。我实际上是一个外向的人——我从他人及其想法中获得能量。还没有封城时，我有时会一大早开车去咖啡馆，喝点咖啡，和陌生人聊聊天。那足以刺激我分泌多巴胺，让我一整天都充满活力。我感觉我就像是在做一个真人实验：我需要跟人有多少互动才能保证那一天能高效工作？

现在，因为新冠疫情，我无法跟客户见面了——所有的交流都是视频或电话。但我们开会时，不管是视频还是电话都意味着你跟客户之间没有了那种神秘的连接，你无法用你的个人魅力感染客户，就好像你的魔力消失了一样。

为了弥补这个不足，我冒了以前可能没有冒过的风险，并真正尝试在个人层面上跟客户建立联系。现在我的客户更随和也更脆弱了，因为我们都有了这种共同的经历——新冠疫情。

我觉得，也许新冠疫情之后视频会议会成为常规做法。在那样的世界里，像我这样的人会尝试书里提供的每一个技巧，将视频通话变成心与心的交流。但问题是，我们怎样才能获得那种心与心交流的能力，从而让我们的魔力失而复得？

我似乎对提高个人能力有着永不停歇的追求，所以我一直在寻找与客户远程互动的技巧和方法。人们似乎并不真的了解销售关系、发展关系，并吸引新客户之间的细微差别。但如果你掌握得好，你的收入会超过一个首席执行官。

要点总结

（1）生产力通常是根据你在一天中完成的工作来定义的，但如果你是远程办公，就很难定义你的工作日。

（2）使用8小时工作制计薪，或将每周40小时作为工作时长是过时的工业化时代的产物——当你是一名知识型工人时，这种量化方法是没有意义的。

（3）企业坚持按8小时工作制计薪，是因为它们试图实现确保员工负责制，最大化生产力，并量化产出。像一个企业一样思考提供了实现这些目标的更好的方法。

（4）当你像一个企业来看待远程工作时，你就会专注于结果而不是时间。把你的经理想象成一个客户，你可以通过交付符合他们预期的成果来让他们惊讶于你的能力。

（5）与你的经理一起明确你的目标，并协商量化成功的指标。你如何达成目标取决于你。

（6）在对1 000多名远程工作者所做的调查中，拥有自主权并且能让自己像一个企业一样运作让他们更快乐，进而更快适应居家办公的工作习惯。

（7）居家工作时员工可以更好地控制他们的工作方式和时间，并使生产力得到大幅提升。

第 2 章

让新模式为你所用

当你将自己视为一家远程办公企业时,你的远程工作效率会更高并且更有效。但是当你作为一个大的团队或企业的一部分工作时,如何能够像一个企业那样去思考呢?

在本章中,我们将列出你作为一个企业运作时需要应对的具体挑战。我们将指出你的就业结构和市场影响力会如何影响你发挥自己最大作用时所需的自主权和灵活性。我们将帮助你以"间断式协作"的形式来协调你的工作,这样你才能成为一个好的团队成员,同时还能够以远程企业的身份运作。最后,我们将谈论管理经理的具体策略(如果你是企业员工)或如何让你的客户对你感到非常满意(如果你是自由职业者),以便你能够获得独立和安全感。

我真的可以像一个企业那样运作吗

像一个企业一样思考和工作是一种调整——尤其是当你已经习惯了在一个大企业中工作。虽然一些企业已经成功地将其重组为分散作业的团队,但是也有企业还是期望他们的远程工作人员就像在办公室一样工作。然而,无论经理还是雇员,效果都不是很好,这就是为什么我们想要帮助你获得自主权,从而使远程工作的好处最大化,并弥补其不足。

根据你的就业结构和市场影响力，你会发现你在工作中获得自主权的困难程度。表 2.1 对不同的远程工作者进行了归类。

表 2.1　对不同的远程工作者的归类

市场影响力		企业员工	自由职业者
	高	**不可替代的员工** ● 首席执行官 ● 高级经理 ● 明星员工 ● 为公司带来订单的员工 ● 稀缺的专家	**成功的自由职业者** ● 知名咨询专家 ● 合伙人级别的专业人士 ● 企业主 ● 备受瞩目的创意人才
	低/中等	**成长中的员工** ● 中层员工 ● 业绩稳定的员工 ● 新入职员工 ● 初级员工	**标准的自由职业者** ● 临时工 ● 无特殊技能的自由职业者 ● 崭露头角的创意人才

让我们依次分析每个类型的远程工作者，思考如果你要像一个企业那样去运作，这些对你又意味着什么。

▶ 不可替代的员工

在企业内备受尊重的专业人员仍然还是员工，但他们能很好地像一个企业那样去运作。如果总是有猎头来找你，公司给你大量股票、期权以保证你能持续为公司服务，或者因为业绩突出而获得大笔现金奖金，你可以确信自己拥有高度的市场影响力并有资格成为不可替代的员工。

此类别的员工包括在企业内拥有强大影响力的首席执行官、高级经理或带来可观收入的合伙人，以及具有市场急需技能的专业人士——博士级数据科学家、熟练工程师、火箭科学家等。你越难被取代，你就有越大的自由来制定自己的雇佣条款。

对不可替代的员工来说，他们面临的最大的挑战就是几乎所有事情都需要他们出面，而他们有时候抽不出时间来。他们远程工作时处理所有这些需求的方式通常会为企业内的其他人定下一个调子：如果首席执行官的工作时间不规律，其他员工就会照葫芦画瓢（或者相反，他们可能会很反感经理要求团队遵守规则可自己又无视规则）。

如果你在自己的企业中位高权重，你当然应该使用这种权力来获得你远程工作时需要的自主权。作为一种高价值资产，你的责任就是做你想做的事，这样你才能呈现最优的表现。利用远程企业的思维模式来清楚地了解企业规范与你达到最好表现之间可能会出现的冲突。例如，作为一家拥有 500 名员工的公司的首席执行官，如果每天早上跑上 10 英里（译者注：约 16.09 千米）能让你以最好的状态参加视频会议和决策制定，那你就应该告诉你的客户——董事会，你在早上 8 点之前不会接听电话。

尽可能多地尝试为你的企业创造灵活性，有助于为企业内的远程工作者建立拥有高度自主权的企业文化。这意味着企业将会出台有利于远程办公的政策，而不是只为个别员工开绿灯。如果你发现企业架构及对远程办公的看法阻止你最大限度地发挥自己的生产力，则你要利用你的权威或影响力来改变这个架构，以便企业中的每个人都可以在远程工作时尽其所能。对经理和领导者来说，像一个远程企业一样运作的关键就是帮助其他人也同样发挥自己的最大能力。

▶ 成长中的员工

绝大多数远程工作者都是正在成长的员工，他们没有决定自己远程工作条件的市场影响力，即使他们非常敬业，才华横溢，又对企业极具价值。是这些人维持着企业的正常运转，即使他们从来没有进过办公室工作。但不是每个企业都能为他们提供高度的自主权和灵活性。

这正是像一个远程企业运作模式派上用场的地方。如果你担任的专业角色可以带来价值，但不会让你无可替代，那你就是一名成长中的员工。你可能是初级或中级员工，没有高学历或任何难以替代的技能，你所在的领域也不缺人才。认识到你在市场影响力这方面的局限并不是对你作为员工的价值评判，而是你迈向像一个远程企业一样运作的重要环节的第一步。

如果你是一名成长中的员工，你能否像企业一样运作在很大程度上取决于你在企业中所能发挥的作用、你的经理和你所在的企业。一些企业的负责人已经认识到了当团队成员有较多自由时的价值，尤其是当他们远程办公时，而其他人则仍然努力像在传统的办公室工作一样，依靠不断的会议及监控来确保每个员工在认真工作。如果你是在后一种企业，尤其是当你的工作需要不断地向经理汇报时，那么你要具备一些技巧和耐心才能获得高效远程工作的自主性。但不要担心，你会成功的！

有两种基本策略可以帮助成长中的员工获得能像一个企业一样运作的自由。第一种，你可以证明你居家办公时能提供稳定、及时和出色的工作成果：一个好的经理一旦看到你可以高效工作，就会给你更多的自由使你在没有持续监督的情况下努力并取得良好的成果。这很可能是一个循序渐进的过程：随着你提供的成果质量越来越高，你将获得越来越多的收入，以及越来越多的对工作方式和工作时间的决定权。

第二种，你可以培养让自己更难被取代的市场影响力，这样你的经理就会很愿意满足你对灵活性的要求。你可以参与更多项目，获取更多能够提高你知识的经验及提升你技能和资历的证书，拓展人脉；更有甚者，你可以学习一些不同寻常的技能，使你拥有独家优势。你也可以考虑通过社交媒体或演示文稿让自己更加出名，这样你的经理会更加重视你的名声和你对公司的贡献。

记住，这些并不是你同时需要具备的：你可能每天都要向经理汇报工作，但仍然可以想方设法更好地利用你的时间。将自己视作一个远程企业将帮助你建立一种良性循环：通过实施本书中的策略，你将获得更好的结果,并为你赢得更多的自由来做最好的工作。只要你能坚持下去,就会发现自己会越来越熟练地将自己像一个企业一样运作。

▶ 成功的自由职业者

自由职业者和拥有较高市场影响力的人享有很大安排自己工作和生活的自由。这些人包括成功的企业主(如发号施令的经理),有足够的魅力能吸引并留住客户、成为销售的艺术家或咨询顾问;还有一些人是与一个公司密切合作(如合伙人级别的律师或会计师)但在公司内部经营自己的独立业务,能够自己决定工作时间和可交付的成果。

如果你是一个自由职业者,并在领域内拥有高超的技艺或得到了广泛认可,那么你就是一名成功的自由职业者。一个很好的衡量市场影响力的方法是看你选择机会的自由度:如果你经常因为费用过低、时间有限或项目不合适而拒绝潜在客户,但你仍然有足够的工作和收入,那么可以非常肯定你有高度的市场影响力。

但即使是成功的自由职业者也没有绝对的自由。你还需要谋生,这意味着你需要吸引客户或买家:要满足这些人的要求有时可能需要调整你的工作时间或可交付成果。如果你有一个由助手和合作者组成的团队,你还需要为他们的远程工作设定适当的节奏和结构。

对企业主或拥有大量市场影响力的个体经营者来说,"像一个企业一样运作"的模式应该非常直观,因为他们已经像一个远程企业运作了。然而,有时最需要这种心态的正是那些真正运作企业的人。使用这个明确的框架将帮助你更好地规划自己的工作以便发挥最大的效能——无论是作为公司的合伙人,还是一家小企业的所有者。

▶ 标准的自由职业者

并非每个个体经营者都享有高度自主权,并且作为一个企业来运作。如今,许多"独立承包商"在功能上等同于员工——以至于我们看到更多,以及更多要求企业为他们的长期承包商提供员工身份或相应福利的法律。① 即使你是一个真正的有多名客户的自由职业者,你也可能没有太多自由来决定你的工作地点,如Fiverr、Upwork或TaskRabbit这样按需提供服务的公司可能会受到应用程序条款或点评体系的限制,即使是真正的自由职业者也可能会发现,当自己的技能很常见时,自己也只会被视为商品。

如果你是个体经营者或小企业主,不得不与其他自由职业者或小企业在价格上进行竞争,那么你就是一个标准的自由职业者。如果你的客户或顾客发现它们能相对容易地用另一家供应商取代你,或者如果你提高费用会流失大部分业务,那么你就知道了,你的市场影响力还没有足够大。但根据你的领域和客户的需求,你可能仍然比一名员工拥有更多自主权——或者你可能只是名义上的一个企业,并且在功能上仍然受客户需求的限制。

如果你是标准的自由职业者,你的目标可能是提供让客户满意的产品、获得一些额外的技能或证书或建立自己在专业上的信誉度来使自己与所在行业的其他人区分开来,以此增加你的市场影响力。然而,像许多成长中的员工一样,如果能摆脱激烈的竞争,将自己的自由职业视为一种生活方式,在收入和灵活度之间取得良好的平衡,你也许会更快乐。

你有多少灵活度将取决于你像一个企业一样工作的效率:即使你在名义上是一个自由职业者,你也会很容易因客户的要求而失去自由度或工作效率,不得不长时间或以特定方式工作。所以使用一个企业的框架来强调你在与所有客户互动中的自主权:每当你看到我们提醒员工像对待客户一样对待他们的经理时,提醒自己不要反过来把客户当作经

---

① Eli Rosenberg, "Gig Economy Bills Move Forward in Other Blue States, after California Clears the Way", *Washington Post*, January 17, 2020, https://www.washingtonpost.com/business/2020/01/17/gig-economy-bills-move-forward-other-blue-states-after-california-clears-way.

理对待。掌握本书中的技能和方法将帮助你巩固你作为一个企业来运作的方法，这样远程工作就能为你提供自由职业生涯中最令人艳羡的部分：自由。

像一个企业一样提供最好的产品

如果你的远程工作体验就是无休止的 Zoom 会议、电子邮件和 Slack 通知，那么你可能很难提供出色的产品。你的目标是在目标和自由度之间找到最佳平衡点，这样你就可以在你效率最高的时候工作。

- 与队友有效协作。
- 为你的经理或客户提供良好的产品。
- 定期放松和充电——不仅是因为这能够使你的工作更有成效，也是因为你值得拥有自己的生活。

对许多远程工作者，尤其是成长中的员工，要找到这种平衡很难。这是因为许多远程团队按照他们在办公室工作的方式运作，将会议视为默认协作形式，并将协作作为完成工作的标准方式。但当我们开始远程工作时，这些正是我们需要改变的模式。专注于通过会议进行实时协作在 50 年前很有意义，因为在当时这是交流想法的最有效方式。想一想其他的协作方式：坐在 IBM 打字机前打出（或是向你的秘书口述）自己的想法；修正其中的错误；复印你的想法。把它们放在每个人的邮箱里，然后花一个星期等待其他人打字、修正错误、复印文本。这太可怕了！

说真的，那个时候大家是怎么协作的？当然是开会了：让每个人都坐在一个房间里，然后把事情讲清楚，最后只需一名秘书和一台打字机就可以完成终稿。

谢天谢地，这种日子已经过去了。但是我们现在仍然以这种方式工作，就好像我们面临的限制和过去一样——即使电子通信使我们现在可以跨距离协作，并可以近乎实时地修改或迭代。

▶ 间断式协作

"间断式协作"就是一种更智能的模式：一种在单人工作的高效和多人协作的高效之间找到了一个中间地带的方法。团队协作能融合多种不同的观点和知识，在同事之间建立信任和合作，并就结果达成共识和相互支持。即使你能够自己一个人写出更好的报告，协作也是让你的团队成员围绕结果团结起来的最佳方式。

间断式协作的秘诀就是使协作具体、集中和有时间限制，而不是接受它作为我们完成工作的默认模式。① 当你在办公室工作时，协作可能确实是最有效的选择，但当你不时被打断时，能专注地工作非常困难。一旦你转为在家工作，你就可以充分利用独处的时间，然后集中精力来推进你的项目，或使其交付到下一阶段。

如果你可以提出让你的团队参与其中的具体计划，并且开的会议减少了，结果反而更好，那么你就能在从协作转移到单独工作中取得最有效的平衡。以下是一些常见的团队开会时的场景，此时你可以提出间断式协作模式：即在团队中分配任务，这样团队成员就可以独自完成更多工作，并在特定的时间间隔内签到并获得明确的衡量业绩的指标。

---

①Bernstein, Ethan, Jesse Shore and David Lazer. "Improving the Rhythm of Your Collaboration." *MIT Sloan Management Review* 61, no.1（Fall 2019）: 29–36, https://www-proquest-com.libproxy.mit.edu/scholarly-journals/improving-rhythm-your-collaboration/docview/2335160250/se-2？accountid=12492.

不再通过每日一会来策划你的企业团队活动

（1）首先制订一个项目计划，描述企业团队活动涉及的所有任务；然后根据职责或个人的突出能力来为这些任务分类。

（2）使用在线项目展示板来分配任务并要求就每项任务定期汇报进度。

（3）要求每个人定期列出一个单独的问题/项目清单供团队讨论。

（4）指派一位项目经理跟踪每项任务的完成进度并收集问题，将其作为会议议程供团队讨论。任何只需要一个人或两个人回答的问题通过短信或电子邮件发给相关成员即可。

（5）在项目展示板上发布更新，以便每个人都可以看到项目进展以及关键信息。

（6）保留每周电话会议以讨论确实需要小组每个成员回答或决策的问题。

不再通过电话会议来进行新产品或营销活动的头脑风暴

（1）设立常设意见箱（如在线编辑表格、谷歌文档或维基文档），团队成员可以在其中收集下一个产品或活动的创意并了解每个想法是谁提出的。（能当面获得赞赏也是人们将自己的创意保留在会议上公开的原因之一。）在线意见箱也为较少发言的雇员提供了机会。

（2）在开始新项目时打开意见箱，项目负责人收集现有的想法或征求新的想法，由他们在在线文档中编辑或分类这些创意（如谷歌文档或电子表格）。

（3）邀请团队成员对头脑风暴中的创意进行评论，并分享受到启发后的新创意。

（4）对文件进行讨论以找出最有可能实施的创意，然后召集团队共同讨论并通过两到三个虚拟会议选出最佳创意。

不再每日作为一个团队冲刺

（1）为每周、每月或一个产品周期设定团队目标。

（2）在流程的关键点安排经理签到——最后期限和每次会议的决策点。

（3）为喜欢这种感觉的团队成员设置临时的虚拟会议室、共享信息通道、电话或播放列表——但要让成员自由选择加入还是不加入，只有当他们积极地想要加入的时候才能使用共享空间。

（4）授权根据需要个别团队成员可以自由结对或组成小组，而不是召集整个团队。

在一些企业中，这些间断式协作的策略已经成为常态。然而，仍有很多团队每天大部分时间都在视频通话，仅仅是因为他们习惯于通过会议进行管理；这样的会议通常只是一些项目议程，实际上并不需要每个人一直参加。这些团队需要调整他们的远程工作策略，使人们得以单独或结对工作，只在真正需要时才安排小组或团队进行电话或视频会议。

> **远程办公策略：鼓励间断式协作**
>
> 即使你的经理或同事因为参加了太多线上会议而不堪重负，但他们还是会希望你能参加，这一点很难避免。那么你就需要在自己的项目中提出间断式协作模式，并强调它的好处。如果你是团队负责人或项目经理，在项目伊始时你可以使用启动会议来分配初始任务，让你的团队知道你将尽量减少会议次数以便让每个人能独自完成更多工作。让他们了解什么是项目展示板，并一直持续更新。在（不太频繁的）项目会议的开始和结束，提到你能够使这次会议这么简短（或取消了上周的会议）是因为每个人都很好地利用了间断式协作这个模式。
>
> 即使你是一个初级职员，这个方法也能奏效：你只需给自

> 己选择一个小小的"项目",然后用电子邮件或短信替代会议。例如,不是占用会议时间告诉大家你需要企业有什么样的团队社交活动,而是让每个人都知道你要把这 30 分钟还给大家,让他们通过电子邮件提交自己的建议;然后你将在下周将大家的建议列成一个简短的表格。

一旦你减少了工作日中的协作时间,增加了个人工作时间,你对自己的日程安排和活动就有了更多的控制权,你将能够专注于工作结果而不是工作时间,并将精力集中在最重要的工作上。

与你的经理(或者客户)一起远程办公

与你的经理或客户建立良好的关系会创造一种良性循环:你的工作效率越高,他们就越相信你可以安排自己的任务和日程。你拥有的安排自己日程和任务的自由度越大,你的工作效率就会越高,而且成果也会越好。

这就是为什么与你的经理或重要客户建立相互信任的关系如此重要:信任是帮你实现获得最佳工作成果所需的灵活度和工作条件的关键。你的经理或客户应该能够相信你会努力工作,为团队加油打气,并在你与团队或企业的其他成员的交流中支持她。你应该能够相信你的经理会为你提供高效工作所需要的资源和信息,为你提供指导,为你排忧解难,并在对你的工作感到失望或赞赏时能与你直接交流。

但是当你们很少见面时,这种信任很难建立。这就是像一个企业一样思考的模式开始起作用的时候了:通过将你的经理视为你既需要管理和又需要惊艳的客户，你才更有可能在追求自己目标的同时超越他的期望。那么你就需要采取以下三大实操措施：设定期望、提高沟通效率和记录绩效。

▶ 设定清晰的目标

当你按照经理期望的时间表交付相应的工作成果时，你让他的生活变得轻松，整个团队也更有效率。这里的关键词是"目标"：你的任务是一开始就与经理的步调保持一致，让他知道他可以从你那里得到什么，而你自己对这些目标也非常清晰。

清晰的目标始于明确的衡量指标：你和你的经理已经达成一致的，可用来评估你是否达到目标的关键绩效指标（当你是自由职业者时，这一点对你与实际客户的合作同样重要）。任何重要的步骤都应该有一个明确的衡量你成果的指标，任何正在进行的工作也都应该有同样明确的指标，无论它们是指找到潜在客户、获得新的营收，还是接听了多少通客户电话等。除了以衡量指标的形式设定目标之外，你还可以借助其他方式设定明确的目标：

● **积极主动地思考**。不要等经理给你指令。确定你的项目进程或者你能成功完成的任务，然后让经理签字同意你的计划。有时候，你只需在经理开口之前完成一些任务就能让你的"客户"（经理）惊讶于你的能力。

● **设置会议时间段**。清楚地知道和同事开会需要占用你多长时间，以及需要多少会议外的时间来完成你的工作。如果你想要抛弃传统的 8 小时工作制，这是一个安排自己计划的好机会。例如，"我想在早上 8 点到中午之间安排线上电话会议，中午我要有 2 个小时的时间吃饭和锻炼，这样回来办公的时候我能聚精会神地从下午 2 点一直工作到 6 点。"

根据你的工作性质，你甚至可以获得更大的灵活性："我想保留下午 1 点到 5 点的时间段专注在工作上，因为这段时间我的工作效率最高。"只要你明确表示，遇到难以协调的问题或者危机时你可以随时做出调整，你就能为自己赢得相当的自由度。

- **权衡利弊**。如果你的经理邀请你参加的会议太多，以至于你不可能完成其他类型的工作时（或者仅仅让你在午休时间休息、恢复体力），要拒绝这些会议邀请也许对你来说很难。但是你可以说明具体的利弊，委婉地告知你的经理："你希望我为了参加这3个会议而延迟给客户的报告吗？还是咱们先别着急定时间开会而是让我完成这个报告更好一点？"

- **围绕你自己的时间表设定目标**。远程办公会让工作和私人生活搅在一起，很难有清晰的边界，尤其是当你有一个全天候不停地给你发电邮和短信的经理。此时，如何让你的经理清楚地知道，你在正常的上班时间之外，能否以及何时能快速回复他的信息就很重要了。而且你也要清楚地知道自己的边界："我很愿意在晚上回复邮件，但下午5:30—7:30我不在线，因为这是我跟家人在一起的时间。除非有紧急情况，否则晚上10点后或者周末我不会查看电子邮件。"

这种做法对你的老板也很有利，因为他知道能联系到你的最佳时间，就不会白白等待你的回复，而是去解决另一个需要优先处理的问题。如果你告诉了他你愿意在紧要关头投入额外时间，或在入睡前检查一下相关工作，那你的经理可能对你白天不回电子邮件或信息的做法就没那么紧张了。

说服你的经理让你远程办公

如果你想保持或增加你的远程工作时间，可你的经理或企业坚持让你全程在办公室工作，你可以这么做：

- 了解为什么你的经理希望你待在办公室里。是为了监控你的表现吗？是为了方便你与同事的协同合作？还是就只为了能看到你？你越了解他这么要求的动机，就越能采取正确的策略。
- 说明远程工作计划为绩效或预算带来的好处。让你的经理知道远程办公如何提高你的生产力或贡献程度，这样他就可以看到远程办公对他有什么好处。你是否能将通勤时间花在额外的工作上？在安静的家里你是否能更专注于工作？你是否愿意推迟加薪以换取更多的在家工作时间？
- 提出试行措施。提出试着在家办公的时间表，以及清晰的衡量工作成绩的指标。
- 学会妥协。远程工作与在办公室工作并不是非此即彼。即使你只能被批准每两周在家办公一天，这也是你展示你远程工作时的效率的机会。这样你就可以为争取在办公室外有更多的办公时间提供成功的范例。

▶ 与你的"客户"有效沟通

定期与你的经理沟通并明确表达自己的观点，你就会有很多自由来完成你的工作。以下是一些非常有效的做法：

- **明确了解你的"客户"（经理）想要什么。** 当你开始一份新工作或者一个新的大项目，或者增加远程工作时间时，了解你的经理或客户希望你如何向他们汇报。有的人喜欢下属每天或每周汇报新进展；有的人则希望你在做决定之前能够询问他们的意见；有的人喜欢听你的全盘计划；其他人只是想了解你是否有需要克服的障碍。

  一定记得要特地询问经理需要你以什么样的频率向他们汇报（每天、每周或只在重要的节点）、工作如何开展（是先等待他们的反馈，还是先自己推进直到他们要你暂停），以及首选的沟通渠道（电子邮件、即时信息或短信）。了解你的经理如何定义"紧急情况"，以及如果有紧急情况出现时，他希望以什么样的方式收到你的信息。最后，一定要了解他希望他的消息能多快得到回复，以及他是否期望你在晚上或者周末回复她。

- **定期汇报**。即使你有一个相对愿意放手的经理或者客户，为了确保你能定期向他们汇报，你应该至少每周发一次电子邮件向他告知你的工作进展，总结你在过去 7 天取得的进步，以及你下周的计划。最理想的状态是你们每两周通一次电话或开展视频会议，这样你们能随时保持联系：即使只是一个 30 分钟的短会，也能帮助你们形成良好的关系，找到其他对你有利的机会。

- **让你的经理知道如何帮助你最好地开展工作**。沟通是双向的，所以让你的经理知道他如何能帮助你成功是极好的。如果发现经理的一连串短信让你毫无头绪，可以建议你的经理是否可以通过电话或者电子邮件指导你。如果你需要受到表扬和赞赏才能干劲十足，则让你的经理知道每当你做得好的时候，他不需吝啬表扬或者赞许；或者让他知道你需要他直言不讳地告诉你有哪些地方需要改进。

- **提供建议及其他可选择的解决办法**。每当你需要征求经理或客户的意见做决策时，可以告诉他们有哪些选择并且你推荐哪一个。尤其是你在寻求他的帮助以解决一个难题时，这一点更为重要。例如，不要说"我们找不到一个预算以内的会议地点，应该怎么办？"而是说："没有一个会议场地符合我们的预算，甚至符合会议时间和参会人数的要求。我提议将拟邀请人数减少 20%，这样就可以订 X 场地，那里能够装下我们所有的顾客，也许无法邀请所有的合作伙伴和供应商；或者我们也可以选择 Y 场地，只要我们增加 5 万美元的预算；或者选择 Z 场地，如果可以将会议推迟一个月。"

- **有疑问时及时沟通。** 沟通时间再长，也要强于不沟通，但是沟通方式一定要简单直接：发送电子邮件或信息时要直奔主题，提供足够的信息让经理决定该如何更深入地了解你的项目或问题（将在13章告诉你如何在电子邮件中实现）。

- **提前解决问题。** 提前沟通原则，尤其适用于如果你在项目中与同事或客户的关系遇到了问题的情形，最好提前寻求帮助，并且表述清楚你希望你的经理如何提供建议或干预，而不是等到有重大问题出现时才请他们解决。同理，如果你有可能逾期完成任务，该原则也同样适用：如果你无法如期交付成果或向"客户"汇报，在截止日期之前就让他们知道，并提供最新的预计完成期限。如果你没能在截止日期之前完成是因为你在等其他人或者别的东西，也可以一并告知经理或者客户，尤其是当你的经理可以帮助你打破僵局时。努力承担尽可能多的责任，这样你看起来就不会像在推卸责任。

▶ 建立一个业绩档案

远程办公时，你的部分工作内容是让你的老板工作起来更轻松——包括让他们能更容易地评估你的业绩。所以，最好的办法就是你自己定期更新你的业绩档案，如你最具代表性的业绩，你遇到的主要挑战，以及你的业绩增长领域。这并不是在掩盖你犯的错误，而是一种追踪你工作的方式，以便你和你的经理可以了解你取得了哪些成果，并协同制定持续提高你的绩效的策略。

从长期的职业发展来看，你的业绩档案也可以帮助你，据此你可以很容易地更新你在领英的个人资料或简历，以反映你的具体业绩。但请记住，如果你将记录保存在公司的电脑或服务器上，你的记录可能会被别人看到。即使有人仔细审查你的记录的概率很小，你也应该保存好自己的笔记以防这种情况发生。

这个档案也可能在你将来求职或者晋升时帮到你,是你与经理的日常交往中对你很有利的财产。每次绩效评估前,仔细翻阅你的业绩档案,将其中的一些电子邮件或者工作记录作为证据提供给经理;将你这个季度的突出成就记录下来;试着猜测你的经理可能会有哪些顾虑,这样你就能提前做好应对的计划。

在进行绩效评估时,可以大胆将这些记录拿出来,为自己的工作增光添彩,或者在你申请某些特殊任务时提供帮助。转发两三封客户的邮件给老板并附言:"我刚注意到有3位不同的客户都发电子邮件表扬我策划的营销策略,说不定我可以在给客户的口头报告中挑大梁。"

虽然设置目标、细心沟通和建立业绩档案都可以帮助你处理好与"客户"的关系,但请记住,这样做的重点不是摆脱他们的监督。相反,你的目标是建立信任关系,让他们在你需要的时候帮助你——这就是高效管理者所做的。归根结底,你们的目标是一致的——确保当你像一个企业一样远程工作时,可以提供最好的产品。

来自远程工作者们的分享

玛吉·克劳利·希恩(Maggie Crowley Sheehan)是 Unbounce 软件公司的产品营销经理,她在公司采用了间断式协作工作策略,让远程办公为整个团队作出了巨大贡献。

我在 Unbounce 公司的办公室工作了将近两年,由于我丈夫得到了一个在巴哈马的工作机会,我们只好搬家。幸运的是,我的主管想留住我继续为公司工作,所以我成了公司在远程办公实验中的"小白鼠"。

搬到巴哈马后我发现,我所在地的时区比我的团队早了3个小时,但我决定按我所在地的时区朝九晚五工作。刚开始,如果早上我没什么事情要处理,就只能等着我的团队,这让我压力很大,感觉自己没有尽到职责。

后来我们规划了一些流程，我在时区上的差异反而成了一个优势。例如，如果我们在电子邮件上放了一个营销活动，让人们使用我们的软件上新开发的一个功能。文案人员完成了脚本后，我的工作就是审查他们的脚本，提出改进意见，也会模拟一个网站对这个新功能进行试用。但是如果我不知道当前工作正处于哪个阶段，我就不知道是否要参与进来。而现在，当他们的工作有了新的进展，西海岸总部的同事会在我们的内部 wiki 中更新，说明工作进行到了哪一步并告知我下一步该怎么做。

当我远程工作时，我看到大家很努力地更新工作流程，以便于我更好地了解整个进程。我开始更多地使用我们的团队信息传递系统 Slack，做更多笔记，更有条理地整合我的所有材料。

例如，上周我为发布的新功能编写了一份定位文件。我先会在 Slack 中搜索之前的对话、相关的演示文稿，然后查找关于新功能的录音；最后我集中了所有资源，这样任何人都可以轻松找到他们所需要的材料。

在我开始远程工作之前，从未使用过任何项目管理工具，现在我对这些工具非常依赖。将大项目分解成具体任务，并且明晰我们的目标，以及清楚我们什么时候开会，这种感觉妙极了。这既让人们更清楚地知道他们需要对项目的哪些部分提供帮助，也更好地利用了我们的集体时间。

当我开始远程工作时，我很担心自己不能很好地完成工作，不能对团队有所贡献。现在，我发现自己更高产、更有效率。新冠疫情期间公司不得不远程办公时，有个同事说"我们的生产率肯定会比现在提高80%——只要看看玛吉就知道了！"

要点总结

（1）你作为一个企业远程运作的能力受到你的就业结构（自由职业者比员工有更多的自由度）和你的市场影响力（资深员工和拥有稀有技能的人更有能力获得较大灵活度）的限制。

（2）对于需要明确在远程工作中获得更多自由度和灵活度的初级或中级员工来说，作为一个企业运作是最具挑战性的。

（3）作为远程工作者，如果你可以偏向于单独工作而不是协作工作，你将更有效率和灵活性，因为远程工作与在办公室工作相比，能提供的真正的优势就是独立工作。

（4）平衡个人工作和小组合作的最佳方法是使用间断式协作：划分任务以便人们可以继续进行独立工作，但需要定期检查以分享想法并通过集体协商做出决策。

（5）通过与你的老板明确你的目标，并在彼此间建立信任可以在日常监督中获得一些自由，并在 7 天/24 小时随时待命与交付可接受的结果之间达成一种平衡。

（6）通过准确、及时的沟通让你的"客户"（也许是你的老板）被你的工作惊艳，并能照顾到他们的偏好。

（7）尽可能多地与你的经理或客户沟通，即使是到了过度沟通的程度，也要提前解决任何可能会存在的问题——没有人喜欢被突如其来的问题吓到。

（8）建立一份反映你的最佳工作和绩效以及经验总结的业绩档案，它既能为你的绩效评估提供有效信息，也能在未来的求职或晋升中为你提供帮助。

第3章
管理一个远程工作团队

人们把管理称作一门"艺术"不是没有原因的。管理一个团队从来都不是一件简单的事,而管理远程团队则复杂得多。一名优秀的管理者知道如何委派工作任务,如何培养团队协作能力,以及如何激励每个员工。而管理一个分散式远程工作团队尤为不容易,传统工作场所中的管理者能做的你都得做,只不过你可以做得更加优雅从容。

当然,抛开那些看似优雅从容的外表,你可能会发现管理远程团队比以往任何时候都让你更加满意。员工远程工作时提高的生产力带来的收益可以用于你的项目,并且提高你团队的整体业绩。帮助你的团队成员找到适合他们的远程工作方式,你会欣慰地看到你指导过的人,也是你关心的人,以全新的方式茁壮成长。而且他们在远程工作中越成功,你自己就将拥有更大的自由度和灵活度。

正如你将在本章中看到的那样,像一个企业一样运作的模式是这幅光明图景的基础。这是你将与你的团队成员分享的思路,以便使他们采用以结果为导向的方法,也即本章开头的内容。接下来,你将依照这个思路来形成你在项目的三个阶段管理你团队的方式,你也将成为使每个团队成员像一个企业一样运作的这种模式方面的教练。最后,你将使用多种工具,以此作为你的远程团队成员工作的基础和指南,如基本规则、团队会议、一对一交流和绩效评估。

以结果为导向的管理模式

甚至在新冠疫情暴发之前,以命令和管控为主的管理模式就已经在走下坡路了,因为高级技术工人要求对分配给他们的工作,以及如何完成工作赋予更多的话语权。

远程工作人员的激增为这种管理模式敲响了丧钟。没有实体办公室,经理就不能站在象征权力的讲台上下达命令。事实上,随着越来越多的员工开始远程办公,经理不再知道他的团队成员在哪里或他们何时完成自己的任务。

但我们并不是说老板们应该完全放权,什么也不管,任由他们的远程工作团队在家里自生自灭。恰恰相反,像一个企业一样运作的模式依赖的正是能够帮助远程员工,使员工们利用新获得的自主权来实现企业目标的优秀老板。

作为一个老板,对企业的要求,以及你的团队的议程如何适应企业的整体战略这一问题,你应该有着更广阔的视角。这意味着你的工作是带头为每个向你汇报的团队成员提出目标,并确保每个目标都有一个明确的截止日期。

然而,为了保证每个团队成员能像一个企业一样运作,你需要重新思考如何能让你的员工追求这些目标。你要做的不是发号施令,而是要获得这些刚刚获得自治权的供应商(即你的员工)的信任:你需要通过解释他们对实现公司的目标有多重要这件事来激励和激发他们付出自己最大努力。你可以向移动应用程序开发商 Copper Mobile 的首席执行官学习,他通过向员工详细解释为什么一个大型软件项目对公司的未来(包括财务前景)至关重要而获得了员工的广泛支持。

就像与你的供应商一样,你们需要就明确的指标达成一致,让你和你的团队都知道他们是否达到了目标。但一定要和他们共同协商设置指标,以便获得他们的支持。一旦就此达成一致,便可拟就一份书面的可交付成果清单和时间表——最好是可以与整个团队共享。这样就不会出现人们远程工作时常出现的沟通不畅的问题，如果有人对列表有疑虑，你们可以协商修改。

一旦你们就可交付成果和截止日期达成一致，你就没有理由每日打电话或发电子邮件让他们打卡，正如你不会每天打电话给你的供应商询问项目进展情况。定好考核指标后，你的团队成员只需要思考如何实现这些指标。

老板在三个不同阶段的角色

一旦你将项目或任务分配给团队成员后，就需要做好你的工作，为他们的成功做好准备。以下是你在每个项目或任务的每个阶段应该扮演的角色。

▶ 为你的团队提供资源

如果一个项目很庞大或很复杂，你的团队可能需要更多资源，如资金或更多团队成员，以便按时保质完成项目。有时他们可能只需要你解决一些瓶颈问题，所以要让他们明白你随时可以帮助他们从其他部门或企业获得所需的资源。你的资历能够使你成为他们最大的帮手，如你可以更多地获得客户来电、电子邮件的回复或更好地解决争议。例如，如果你的团队需要再聘请一位销售人员，但是人事部的规章制度导致这位销售的工资无法获批，此时你就是敦促人事部门调整规章制度或者获得一次特权的最佳人选。

如你们无法得到需要的资源或无法就下一步走向做出决策，你就可以修改目标或可交付成果来适应现有的实际情况。因为你肯定不想让你的团队失败。

▶ 支持整个流程

你的团队需要你为他们出谋划策并且排除故障，随时准备好帮助他们解决项目进程中会出现的棘手问题。

在团队有机会深入项目后，你应该进行一系列所谓的中期审查，定期与你的团队进行视频会议，讨论他们正在取得的进展和他们正在面临的障碍（有关中期审查的详细信息，请参阅第 5 章"关注最终产品"）。

中期审查就像一个飞行调度员，你应该检查飞机是否在正常飞行，但让飞机降落并不是你的工作。很多经理一开始能够很明智地将重要工作委派给他们的团队成员，结果却在出现问题时又越俎代庖，亲自出马来解决问题。你不需要利用自己的权力或者发布非常详细的命令，只需要试着了解问题并提供一些替代解决方案就可以了。让团队自己去评估这些解决方案，以及尝试其他方法。

请记住，你要努力帮助你的每个远程员工独立地做好自己的工作。把自己想象成一位随时待命的企业教练，你的任务是帮助团队成员找到自己的方法来获得出色的结果。

▶ 从结果中学习

当项目结束时，你的任务是帮助你的团队从结果中汲取经验教训。当一个项目进展很顺利时，你就可以慷慨地给予积极反馈，尤其当你的反馈既有意义又真诚的时候。如果一个项目遇到麻烦，那你也应该尽力找出其中的关键点，并确保你的团队从错误中学习成长。

在远程工作中尤其应该如此。因为是在线交流，对方可能无法 100% 感受到你灿烂的笑容和温暖的表扬，即使你们是通过视频通话交流。所以大声说出你的积极反馈，并尽可能地具体，不要只是说"你们在 Acme 项目中做得很棒"，还要说"你解决问题的能力在 Acme 项目中发挥了极其重要的作用，客户对你能够快速提出解决方案的能力表示非常赞赏。"

可是，反之不然。在线交流并不会让你的批评或者改进建议听起来更温和，反而可能使它产生的效果变本加厉，尤其是通过短信或电子邮件交流时。当然这并不意味着你就可以放任自流。例如，如果一个项目经过最初设立的成功指标衡量后未能达标，你应该尽力去了解未达标的原因，并预防这种情况再次发生。作为经理，你的目标应该是培养一个"孺子可教也"的团队，并帮助他们在未来表现得更好。

远程团队具体管理技巧

即使是经验丰富的经理在第一次管理全部或部分远程工作的团队时也会面临挑战。你需要确保你的团队能完成工作，但还需要带着爱和关怀来考虑管理远程工作者中可能会遇到的问题，如孤独感和与同事沟通不畅等。[1] 处理这些问题的四个关键工具是基本规则、团队会议、一对一交流和绩效评估。

▶ 基本规则

尽管远程工作者在能够自主决定完成工作的方式和时间时工作效率最高，但因为他们是团队的一部分，所以也需要制定一些基本规则。一个有效的管理者应该建立共同的规则让整个团队了解什么时候你们需要保持一致，什么时候每个人又可以按照自己最适合的方式来工作。

---

[1] Nick Routley, "6 Charts that Show What Employers and Employees Really Think about Remote Working." World Economic Forum, June 3, 2020, https：//www.weforum.org/agenda/2020/06/coronavirus-covid19-remote-working-office-employees-employers/.

> **远程办公策略：制定基本规则**
>
> 由经理制定或者是为整个企业制定的基本规则是最有效的。然而，如果你所在的企业尚未制定远程工作的时间、会议、电子邮件和信息传递方式等基本规则，你仍然可以帮助企业推动这一进程。
>
> 主动起草一份能反映你对当前的规章制度和目标理解最准确的文档，并为任何未定义的目标留出一定的空白（你也可以先使用下面这份由我们提供的清单）。将这份文档分享给经理，问他你是否可以帮他把这个文档变成一套整个团队共享的基本规则。
>
> 向经理说明当知道何时及如何与同事协作时，你们的效率会更高，同事们也会觉得这个基本规则很有用。然后表明有一套大家都熟悉的基本规则将大大简化工作：你会知道何时以及如何找到任何人，不会出现彼此沟通不畅的问题，因为团队中的每个人对目标都很清晰。

这是你需要的最重要的统一清单设置，以及你将在其中找到相关指南的章节。

工作时间和联系方式（见第 7 章）

- 预计每个人都有空的共同工作时间。
- 每个团队成员的工作时间和联系信息。
- 在紧急情况下如何及何时联系你或其他同事（包括什么形式算作紧急情况）。

会议（见第 10 章）

- 一次会议应该开多长时间，多久开一次，会议中间应该休息多久。
- 如何设计和分发会议议程和后续工作笔记。
- 何时打开视频及何时可以只开音频不开摄像头。
- 团队通话期间多任务处理或后台聊天的规则。

电子邮件和信息（见第 13 章）

- 何时在电子邮件线程中包含其他工作人员。
- 邮件主题的统一写法或简写（如"紧急"字样）。
- 团队成员需要多快回复电子邮件或团队消息。
- 团队成员是否、何时及多久应该在工作时间以外检查或回复消息。
- 下班后是否可以发送电子邮件/发消息/打电话。
- 何时发送电子邮件、何时使用 Slack 即时信息平台、何时可以发送短信，以及何时可以打电话。

欢迎远程团队新成员

当你在纳入新成员进入团队或企业这方面做得很出色时，能提高你们的工作效率并降低人员流动率。但是由于每个人都在远程工作，如何欢迎一个陌生的新团队成员的加入呢？这里有 4 个关键步骤。

（1）给新成员一个数字欢迎包，其中包括团队的基本规则和所有人的联系信息，最好包括每个人的首选联系方式。不妨通过快递给每个新人送一个远程迎新大礼包，包括各种茶包、咖啡包，以及印有企业徽标的马克杯。

（2）安排新成员与他们即将紧密合作的团队伙伴，以及人力资源部门、IT 部门和财务部门的关键联系人来一次非正式的线上一对一会面，帮助他们熟悉环境。

（3）与其他直接下属相比，要更经常地通过电话和视频与这些新成员保持沟通，至少在他们加入团队的前3~6个月。

（4）如果有可能，安排一些面对面的活动来帮助你的新员工了解公司文化。最好是让他们在几个星期或几个月全职或兼职在办公室上班。如果无法实现，也可以一起散散步，组织团队一起去野餐。如果其他方式都无法实现，甚至可以只是团队在线聊天聚会。

团队会议

每周举行例会对任何团队的效率和团结都是举足轻重的，对远程工作团队尤其如此。这些团队会议有助于确保每个人都了解公司内发生的大事，让团队成员有机会分享他们即将开展的工作，促进有用信息的交流，并在团队成员之间建立友谊的纽带。

除了你的团队为解决特定问题或挑战而召开的任何会议之外，你们应该保持一个不到1小时的每周例会。这个例会应该每周在同一时间举行，以形成惯例，以视频会议的形式进行（要求全程开启摄像头），这样每个人都能看到别人的表情和情绪，或者至少能每周真正看到彼此一次。

会议可以从某种破冰活动开始，然后是不超过10~15分钟的公司重要新闻或政策简报的发布。之后是作为会议核心的团队情况更新：邀请每个团队成员分享他们接下来一周要做什么，并要求其他成员提供意见或支持——无论推荐联系人还是解决问题的方法。将会议的基调设定为具有一定的前瞻性，并结合大量讨论；要求每个人事先通过电子邮件分享过去一周工作内容的总结,以便每周会议上的讨论可以集中在接下来的工作上。

最后,也是最重要的一点是,确保剩下一些时间来让大家闲聊。在团队会议前后留出一些时间大家聊聊天,并且暗示大家可以早点进会,充分利用这个时间让大家彼此更亲近(你自己也最好参与进来,否则你的员工可能会担心闲聊会让他们看起来效率低下)。即使只有10~15分钟,也能帮助团队成员更好地了解彼此,建立更牢固的关系。

除了每周的会议,还可以定期组织让团队成员更加熟悉的聚会,注意要吸引具有不同品位和日程安排的人。根据一项对人力资源经理的调查,缺乏团队凝聚力是远程工作团队获得成功的主要障碍。[1]你的团队活动可以很简单,如每周挑选一两天,大家早上一起通过视频喝咖啡;也可以采取更复杂的形式,如在线游戏之夜或线上鸡尾酒会。重点是让大家可以一起聚会放松,彼此建立更加亲密的关系。

> **强化企业文化**
>
> 培养和传播健康的企业文化是一个经理工作的关键部分,如果你领导的是一支远程工作团队,会议会成为展示和传达公司特定价值观和传统的特别重要的渠道。为了确保你的线上会议反映并强化了企业文化,你需要明确企业文化有哪些要点,并将其转化为在线会议的内容。

---

[1]Theresa Minton-Eversole, "Virtual Teams Used Most by Global Organizations, Survey Says", Society for Human Resource Management, July 19, 2012, https://www.shrm.org/resourcesandtools/hr-topics/organizational-and-employee-development/pages/virtualteamsusedmostbyglobalorganizations,surveysays.aspx.

《哈佛商业评论》曾经提供过一项有用的调查,"什么是企业文化?",调查是基于格鲁斯伯格(Groysberg)等人[①]总结的八种不同风格的企业文化。为了让这些风格融入会议,你可能需要:

- 通过要求人们分享发生在自己身上的新鲜事或开展自我反省等破冰活动来强化体现企业的人文关怀文化。
- 强调每个项目或者重大发展背后的企业的愿景,加强以目标驱动为主的企业文化。
- 通过积极主持每次会议并确保你是负责议程的人来体现自己做主的企业文化。
- 通过在会议的开始和结束都会为某个人或团队的成就喝彩来强调注重成果的企业文化。

在线会议不能完成所有向远程工作团队传递企业文化的任务,这是我们支持混合式办公模式的原因之一,这样人们至少可以在办公室里待一段时间(见第16章)。然而,只要稍加思考和用心,在线会议就可以成为你作为企业文化守护者这个角色不可或缺的一部分。

▶ 一对一交流

如果大家都是在办公室办公,也许你可以不用每季度检查员工的工作,但是一旦你们开始远程办公,你就需要定期与每个人进行一对一交流。由于我们不得不用一对一交流来弥补无法面对面互动而造成的遗憾,因此这些沟通应该尽可能地持久且频繁:理想情况下,每周你将花

[①] Boris Groysberg, Jeremiah Lee, Jesse Price and J. Yo-Jud Cheng, "The Leader's Guide to Corporate Culture", *Harvard Business Review*, January–February 2018, https://hbr.org/2018/01/the-leaders-guide-to-corporate-culture.

45~50分钟的时间与每个员工交流,或者只花30分钟彼此交流,但月度会议的时间则要更长。如果可能,将你的一对一交流安排为面对面会议,这样可以很好地利用你在办公室度过的任何时间。或者每周开一次视频会议,但一定要保证能如期进行,取消会议只会让双方都感觉非常糟糕。

为确保你们的一对一交流能产生最大影响,请对沟通过程进行精心设计,这样员工会真心认为它们很有帮助,而不仅是一种监督管理方式。不要利用这次沟通来检查团队项目的进展——这是中期审查的主要任务。一对一交流是你向员工提供支持和指导的场合,这样你的每一个下属都可以得到你全部的关注,并且你也会帮助他们解决工作过程中遇到的最重大的问题。

为每个团队成员设置单独的常设议程,对其你还可以每周修改或更新,这样你们就可以一起对沟通内容进行反思(用谷歌文档保存就非常方便)。鼓励每个人每周更新他们当前关注的议程,并记得查看上次会议的笔记,看看是否有先前会议的后续跟进。

开始谈话时,不要直奔主题,花费5~10分钟聊聊个人的近况,特别是如果你知道你的员工正在为了远程工作的流程或压力而心力交瘁,让他们主导整个谈话。

接下来,继续谈论他们的工作效率,以及与团队合作的方式。这个时候你可以扮演教练和导师的角色;即使你远程工作的经验不见得比你的员工多,你在公司的资历意味着你有帮助他们发展的背景和知识。

尽管所有这些聊天和对员工近况的了解似乎很耗费时间,但这是你作为经理利用时间的最佳方式。如果你可以通过留出一天的时间来进行一对一交流以改善一个10人团队中每个成员的表现,你和你的团队的工作效率将得到显著提高。

在与远程员工一对一沟通中提出的六个示例问题

(1)你目前的生活安排或工作空间如何帮助或阻碍你发挥最大的

能力?

（2）在家工作时你做了什么来使自己一直处于积极状态，以及与同事保持联系？

（3）远程工作时你在哪些方面有优势？

（4）你目前的工作安排有什么问题使你无法做出最大的成绩？

（5）过去一周最浪费你时间的事情是什么？

（6）你觉得你与团队有足够的联系和合作吗？或者我们需要做什么来改善我们的合作方式？

▶ 绩效评估

至少每季度，或在每个大型项目结束时，你应该用深入的绩效评估来代替你们通常的一对一交流。定期反馈比常见的年度绩效评估更有效，尤其是对那些觉得经理没怎么见过他们的远程工作者：研究表明，全职远程工作者收到的反馈或表扬比每周在办公室待几天的员工少得多。[1] 在每次绩效评估之前，记得给你的员工发送一份面对面会议或视频会议的邀请和议程：不要因为一时兴起而把他们吓一跳。在会议之前向他们发送一些问题或一份自我评估表，用于完成他们的自我评估，这样你就可以看看你们双方是否对工作的进展有相同的看法；有些人对自己特别苛刻，而有的人可能很难看到自己的缺点。

会议一开始可以回顾之前设定的绩效目标和成功指标，你们双方应该都有记录。然后大力表扬他们做得好的地方，你的表扬一定要热情且具体。一定要提到与之前设定的指标相关的显著增长或员工付出的努力。

如果你有什么疑虑，请将它们表述为你觉得他们可以做得更好的地方，并在必要时阐明他们的表现欠佳对他们的工作或团队造成的影响。

---

[1] Annamarie Mann, "3 Ways You Are Failing Your Remote Workers", Gallup, August 1, 2017, https://www.gallup.com/workplace/236192/ways-failing-remote-workers.aspx.

类似"你根本不擅长解决问题"这样的批评听起来就很令人沮丧又没有意义。不妨说"我们觉得你可以提高自己解决问题的能力,这样我们就不会遇到客户整整一周都没有得到答复的情况了",这样更有建设性。有人可以学习新的工作流程或技术,但是他们不可能改变性格或者思维模式。

在说过了你的团队成员擅长的领域和他们需要成长的领域后,你们应该一起制订一个带有修正过的目标和指标的行动计划。把这些计划通过白纸黑字记录下来,这样它们就可以作为下一次评估的出发点。一定要明确你将如何帮助这个员工实现你们设定的目标——例如,建议他们与谁取得联系、可以采用的技术或策略。然后在常规的一对一交流中继续提供这些支持。

至少在其中一些绩效评估时,你还应该征求员工对你的领导力的反馈,特别是当他们的工作满意度和绩效会因之受到影响时。问问你做了什么最能支持他们的工作,以及你可以做些什么来提高他们的业绩。

每年应该有一次或两次绩效评估中你可以和员工讨论他们更广阔的职业前景。询问他们的长期目标、他们希望看到的成长机会或他们愿意承担的项目类型。

绩效评估中要问到的十个问题

你在绩效评估中提到的问题应与员工的具体情况相关。这里有十个问题供你参考。

(1)我有什么事情做对了,最有效地帮你提高了工作效率?

(2)为了提高你的工作表现,我还有哪些方面可以做得更好?

(3)我应该更多还是更少地与你和整个团队沟通?

(4)你希望我为你和团队提供更多或更少指导?

(5)我有哪些问题没有处理或者哪些风险没有预料到?

在每年一两次的关于职业规划的绩效评估中，你可能还会问：

（6）你现在参与的哪些活动最符合你的长期目标？

（7）现在公司中是否有你想参与的项目？

（8）哪些因素或人员会阻碍你充分发挥潜力？

（9）我们如何为你提供机会使你在正确的职业道路上继续发展？

（10）如果让你在未来创造一个理想的工作，它会是什么？

来自远程工作者们的分享

艾丁·米勒（Adin Miller）是洛斯·阿尔托斯社区基金会（Los Altos Community Foundation）的执行董事，他自己的远程工作经验帮助了他指导他的团队适应远程办公。

我在董事会任职后成为执行董事。在因为封城关闭我们的办公室之前，我只有7周的时间从员工的角度来了解我们这个企业。

我喜欢被聪明、有能力，工作非常出色的员工围绕着。这和我们的工作时间和地点没有任何关系，无论你是在办公室，还是不在办公室上班。我一直更感兴趣的是：你的工作做得好不好，能不能按时完成，你是否帮助了企业达成自己的使命？

在新冠疫情暴发之前，我们的办公室只是一栋楼，一座改建过的房子，里面有7个员工。大家会聊聊天，然后回去工作。如果遇到了问题，他们可能会走到角落里一起讨论，然后小组每周开一次员工会议。

当我们转向远程工作后，Zoom上没有那种大家可以进行很悠闲的闲聊的空间。所以我提议每天有一次休息时间，每次半小时，称为 kaffeeklatsch。大家会聊到自己感兴趣的事情，如他们对疫情的担心，或者提出工作上的问题，然后一致同意我们线下单独见面后再好好讨论。

我们仍然有员工会议，而且时间更长，那是我们处理企业正式业务时。其余时间大家会确保了解彼此的项目，以及项目的细节。我的团队有足够的动力去做这件事，无须我去要求他们。

但在感谢捐赠者方面遇到了一个真正的问题：当你在远程工作时你无法签署和邮寄实物信件，或者你担心你寄给某个捐赠者的信封会被细菌污染。

但员工自己解决了这个问题，他们的解决办法是，在信件上附上数字签名。但是我们必须确保所有细节都正确，所有数据及我们想要传达的消息都准确。我们谈到了目前遇到的挑战，但我放手让他们自己想办法解决。他们坐下来，想出了解决办法，然后他们清理了大量积压的对我们新冠肺炎捐款的感谢信息。

我不会追踪某个员工什么时候在线上班，我不关心这个。他们什么时候上下班并不重要，无论是精神上还是身体上。但我希望他们能参与kaffeeklatsches 和员工会议，如果你不能参与，只要告诉我就可以了。

我的妻子告诉我，他们会被我的行为影响：如果他们在晚上 7 点看到了我的电子邮件，他们会认为我希望他们也工作到这个点。因此，我不会在深夜发电子邮件。相反，我会特地在第二天早上 8 点之后发送出去。

最终我们会回到我们的办公楼内。许多员工都希望与团队有亲密接触，并希望能偶尔从家里出来喘口气。我也想当面与每个人都聊聊天，而不是在线上与其互动。然后，我会希望能够尽快回家，完成自己的工作。

要点总结

（1）远程团队管理比传统管理更复杂，但也可能带给人更大的满足感。

（2）要最有效地管理远程团队成员，请将自己视为让他们在像一个企业一样运作这一模式方面的教练。

（3）设定团队目标后，与团队就如何衡量成功的指标达成一致：一组具有特定时间目标的具体可交付成果。

（4）你的工作是为你的团队提供所需的资源、排除故障和提供其他支持。

（5）对每个项目进行中期审查，以帮助你的团队完善他们的策略并克服瓶颈问题，但不要管得过细。

（6）在项目结束时，如果团队成功完成任务，你们应该一起庆祝。但如果遭遇失败，则需要及时进行改变以防失败再次发生。

（7）你们应该就集中工作时间、在线会议和沟通渠道制定一套基本规则。

（8）你们应该每周举行一次团队视频会议，以促进交流、共享信息，并在团队内部建立良好关系。

（9）你应该每周与每个团队成员进行一对一的交流，有时应该将会议安排为绩效评估。

（10）每年应该有一次到两次，帮助每个团队成员分析他们的长期职业发展，包括他们的远程工作计划。

第二部分
远程工作者的三大关键策略

假设你正在为一家市场价值颇高的公司做咨询，它因其所有的产品原材料都非常特殊（一种只有这家公司拥有的资源）而闻名。然而，你发现这家公司将其独特的资源浪费在那些永远无法上市的方面。事实上，这些资源被浪费在无关的活动上，以至于公司无法满足对其优秀产品的所有需求。你会推荐他们怎么做？

像一个远程企业一样思考意味着认识到你本人是这个"企业"所拥有的唯一资源。然而，许多专业人士最终浪费了一大部分宝贵的资源，仅仅因为他们没有根据优先顺序安排自己的工作。要充分利用自己的各项潜能，让自己展现出最高的工作效率，你需要花大部分时间来实现真正重要的目标。

本书的这一部分阐释了三大基本生产力策略，以确保你能重点关注对你自己这个企业真正重要的事情上。

在第 4 章中，我们将探讨如何设置目标，但这些目标之间可能会相互冲突。因为它们有的来自你的经理或客户，有的是你自己的职业目标，有的则是对你的家庭或个人最重要的目标。我们将与你分享如何安排这些目标的先后顺序，然后基于这个顺序来制定你的任务清单和日程表。

在第 5 章中，我们将讨论如何关注最终产品。这个关键策略可以加速你在关键项目上的进展，因为你是从目标开始，通过倒推假设来引导你的工作，并实施中期评估来修改你之前试着做出的结论。这些步骤可以节省你的时间，并帮助你得到更好的结果。

在第 6 章中，我们将让你了解一个关键原则：不要在微不足道的小事上浪费时间。这可能看起来很简单，做起来却很难。这就是为什么我们要帮你减少两种最常见的行为（拖延和完美主义），让你的注意力放在应该优先解决的事物上，而不会被无足轻重的事情干扰；我们还将帮助你实施两个关键策略，让你更快地解决那些不可避免的小事情：多任务处理和 OHIO（Only Handle It Once，只处理一次）。

第 4 章
确定目标的优先级

当我们把注意力从工作日程安排转移到工作成果时,我们需要决定想要达成什么样的结果。这就意味着要设置并且安排目标的优先级别,这样你的每个小时、每一天都能够得到充分利用。

优先级原则适用于办公室内外的各种工作类型。以鲍勃督导的医生们为例,这是他在这家大医院工作的部分内容之一。一位医生抱怨说,她既要管理自己的部门,又要进行前沿研究、每周为外科团队做指导,还要教年轻员工如何撰写项目申请以获得资助,她简直是疲于奔命。

在鲍勃的帮助下,她把自己所有的工作职责都写在纸上,并开始根据自己的最终目标进行优先排序。她很快意识到,她的两个首要任务是进行研究和管理她的部门,而在手术室里做手术和指导新手医生申请资助耗费的时间不需要那么多。通过这个优先顺序的安排,她选择将在手术室做手术的时间缩短到每周一天,并请她的副手每月举办一次关于资助申请写作的研讨会。这两个关键变化不仅为她的部门管理工作留出了更多时间,也让她能够发表更多的研究成果。

确定你目标的优先级并不容易。当你在家远程办公时,每天不计其数的 Zoom 电话会议、键盘上捣乱的小猫、时不时来打扰你工作的孩子,都可能让你忘了自己的优先目标是什么。所有这些干扰会让你偏离对你的事业或者企业最重要的目标。但在家工作也有一个好处:当你处于自己熟悉的生活场景时,要始终专注于你的个人目标以及专业目标就更容易了。

如果这一切听起来像是一场让人手忙脚乱的杂技表演，那就对了！你需要在与工作相关的目标上取得稳定、有意义的进展，这意味着要对经理所关心的任务和可交付成果进行优先排序。因为你的业务是在家里进行，你还要花时间跟家人或者伴侣相处。不仅如此你绝对还应该有自己的个人兴趣——如学习吉他或者进行心灵上的修行——这些都会让你走上更充实的人生道路。

本章将为你提供一个包含3个步骤的建议，包括确定你的目标、安排优先级和将所有相互矛盾的目标整合在一起。首先，你要确定你的全部目标——关于经理或客户、你的职业发展，以及个人和家庭生活。其次，你可以考虑，在给定的时空范围内，无论是下周还是下个10年，你最重要的事情是什么。最后，写下所有的项目和任务，并将它们与你的目标联系起来，这样你就能知道优先顺序了。完成这三个步骤后，你可以清楚地查看如何分配时间，评估任何会议或任务是否真正符合你的优先目标，并解决任何可能存在的矛盾。

目标、目的、优先事项、任务和项目

先来看看这些定义：

（1）目标或目的是你正在工作的方向，或者是你想要在工作或生活中实现的长期愿景。我们会交替使用"目标"和"目的"这两个词。

（2）优先事项是你所决定的最重要的目标。确定优先级别则是决定你的高、中或低优先级目标。

（3）任务是你需要花时间完成的工作：你在几分钟或几个小时内处理的具体事务。

（4）项目是你的待办事项清单上的大项目，可能需要几天、几周或几个月才能完成。一个项目由许多任务组成，因此对单个项目的优先级别排序将意味着对一系列任务的优先级排序。

第 1 步：确定你的目标

你想在接下来的一两年里完成什么？

是的，这是一个很大的问题，但除非你的优先级别的排序始于系统地回顾你所有最重要的目标，否则你无法根据你的目标来调整自己的时间。你希望在生活的各个领域为经理或客户、你的职业成长，以及你自己的关系或家庭带来什么？请列出每个领域的几个关键目标。

开始分列目标时，你要清楚经理的期望是什么，这样你才能根据企业的使命做出相应的努力。正如我们在第 3 章 "管理一个远程工作团队" 中解释的那样，你的经理能够更好地确定你的业务目标，因为他更关注整个企业的大方向。尤其是在远程工作时，员工的目标很容易偏离大局。

列出下个月、下个季度或下一年度经理为你设定的所有目标。确保每个目标的衡量指标你都清楚：如何让你的经理知道你正在朝着她设定的目标努力，并在特定时间内取得了进展？如果你从事市场营销，也许你的经理希望你在一年内将滞销产品的销售额增加 10%；如果在人力资源部门工作，也许你有责任在下一季度制定新的提高员工多样性的规章制度；如果你在研发部门，经理可能会希望你在下个月内清除最新软件版本中的所有错误。

如果你是自由职业者或经营自己的公司，你可能会有几个客户；如果你是一个面向消费者的企业，你可能会有很多顾客。因此，你需要列出所有当前客户（或不同类型的客户）的目标。如果你正在考虑为某个特定项目的一次性客户设立目标，那就单独列出该项目的目标，如 "在第二季度结束前发布新的吸引客户的网站"。如果你正在为一个长期客户设立目标，请列出一个项目或一个周期的重复目标，如 "完整的季度财务审计"。

接下来，想想你自己的职业目标。到年底你的职位大概是什么？你是否希望获得晋升，成为管理者。如果你已经是经理，你是否想管理一个更大的团队？或者你可能会专注于发展新技能和拓展新关系，以接触其他的工作类型或行业——也许是通过攻读 MBA 学位。

如果你是自由职业者或经营着一个小公司，想想你为这家公司制定的目标。你能否在未来 6 个月内增加一些新客户，这样你将不再依赖一个大合同来维持你的运营。或者，你可以努力提高你的知名度，每月至少获得一次演讲邀请；或让收入翻倍，这样你就可以雇用更多的员工，扩大业务；或者与至少 10 名高管会面，目标是得到一份全职工作。

此外，你还应该考虑一下你的个人目标。你可能想抽出时间和你的业余的乐队朋友们一起去定期演出，种植一个菜园，或者学习滑雪。至少，这些对生活的激情能让你的工作与生活保持一种平衡。对一些人来说，为个人爱好赚取时间和金钱是一个成功的职业生涯的最大回报。当你远程工作时，你可能会发现更容易将其中一些个人目标融入你的生活中——例如，以前你花在通勤上的时间现在可以用来培养个人爱好。

这个确定目标的过程不应该只与你有关，也应该延伸到你的家人和朋友。如果你有伴侣、孩子、亲密的朋友或其他你爱和支持你的家庭成员，想想你能为他们做些什么。如果你的一个朋友病重或即将离婚，也许你可以每周花一两个下午在他们家工作，这样你就可以帮他们做做家务或为其提供其他形式的帮助。这不是你可以自己决定的事情：花时间认真讨论你爱的人想要或者需要从你这里获得什么，这样他们就能看到你在认真地倾听他们的心声。

第 2 步：设定你的优先事项

一旦你列出了所有与经理、客户、职业和个人有关的目标，就可以开始确定优先级别：将列表中的每个项目列为低、中或高优先级，识别其中相互重叠的目标，以便一组任务可以同时推进多个目标。

你的优先事项可能以无数种方式展现出来。我们来看一个例子：丹妮拉是在一家生物技术公司远程工作的产品注册专员，她有一系列职业和个人目标，以及经理设定的工作目标，所以她首先将列表上的每一个项目标记为低、中或高优先级，然后根据这个分类对她的列表进行整理。以下是她可能在目标列表中包括的内容，每个目标都有优先级别：

老板

（1）使新药获得监管部门的批准（高）。

（2）确保我们能共享和获取与其他团队（媒体）有效合作时所需的信息（中）。

（3）在每周会议期间提供信息更新、反馈和想法，以确保所有项目都能够达到监管部门的要求（低）。

职业

（1）加薪（高）。

（2）拓展行业关系，让我在未来获得更多就业机会（中）。

（3）参加生物化学课程，提高我的科学素养，使我能更容易理解研究人员的工作（低）。

个人

（1）周二和周四早上带路易丝去她的音乐课，以便能和孩子待在一起（高）。

（2）每天早上锻炼，这样我在工作中才能够有充沛的精力，并且周末能彻底放松（中）。

（3）学习打高尔夫球（低）。

丹妮拉如何兼顾所有这些不同的目标呢？她通过寻找目标中重叠的地方，并对砍掉哪些目标做出艰难的选择。

例如，丹妮拉的公司需要获得监管机构的批准，明年才能推出一种新药。丹妮拉把目光投向了加薪。她可以通过获得药物监管机构的批准（然后要求加薪）来实现这两个目标，所以这成了丹妮拉优先级别最高的目标。

就个人角度来说，丹妮拉想和女儿有一段单独相处的时间，所以她应该把周二和周四的上午空出来，不安排任何会议。虽然她几乎可以在每天早上通过参加线上健身课来完成她的锻炼目标，但周二和周四她不能参加，在下线前能查看紧急邮件即可。

哪些目标可以砍掉？低优先级的目标，如上生物化学课，或者学习打高尔夫球。然而，在每周的会议期间提供更新信息可能仍然会留在名单上，如果她的经理认为这是丹妮拉职责的重要组成部分。

如果你是一个自由职业者，那这个过程可能看起来会有点不同。例如，一个著名的电视制片人可能有一个大的网络客户希望他能签署另一份长期合同，来创作更热门的喜剧。但如果这个制片人的目标是制作电视剧，希望花更多的时间和家人在一起，以及有更长的暑假。那他的妥协办法就是签署一份长期合同，其中包括让他去创作戏剧，只要他继续每年能制作一部喜剧，以及同意他可以有好几个月的时间在工作室外——他家的度假屋中工作。

这两个例子之间的区别不在于事实上，丹妮拉受雇于人，而电视制片人是承包商；而在于一个著名的制片人拥有更大的市场影响力，使他能获得很大的谈判优势，能更自由地安排自己的时间，如家庭和度假时间。除非丹妮拉接受其他工作，否则作为中层员工她没有太多的市场权力。这意味着她经理的首要任务——获得该新药的监管批准，也是丹妮拉的首要任务，尤其是如果丹妮拉决心要加薪。如果她要向经理提出每周有两个早晨不开会（这样她就可以和蹒跚学步的孩子上两节音乐课），这将耗尽她和经理所有的谈判余地，限制了她利用空闲时间来追求较低优先级别目标的自由度。

无论何种情况，这个过程的结果都是一个不同优先级的目标列表。你不需要有一个完美的列表，但你应该将所有目标评为低、中或高优先级。无论你是只关注高优先级项目，还是追求一些中等优先级目标的空间，这取决于诸多因素——如市场影响力、你正在追求的目标数量，以及最高优先事项将消耗多少时间。

第3步：将任务和项目与优先级目标挂钩

在第1步和第2步中创建的优先级列表将是下一步工作的基础：优先完成特定任务和项目。在第3步中，你列出当前的所有任务和项目，考虑它们是否及如何匹配你确定的工作和生活中的优先目标。

这是一个关键步骤，这是因为你可能没有时间处理待办事项清单上的所有问题。这就是为什么你要将你的待办事项清单与优先目标进行对照，以便确定你的行动计划，以及要放弃哪些任务（至少目前是这样）。大多数人每月都应该进行这样的对照。然而，如果你有需要每季度都完成或受项目驱动的工作，你可能会发现从一个大型项目转移到下一个大型项目时，采取这样的举措更有意义。

▶ 列出所有任务和项目

首先列出下个月、下个季度和下一年你的所有任务和项目。不要担心列表过长：在分类的过程中，你就可以同时做出选择。但如果你能使用电子表格或任务管理应用程序来列出所有的任务和项目，你的工作就会变得更容易（你将在第8章中找到一些我们推荐的应用程序）。

▶ 匹配任务和项目

你的下个步骤是将任务和项目列表与我们进一步的目标进行匹配——我们称其为"启动"任务和项目。

假设你是一家消费品包装公司营销团队的资深成员，你的首要目标之一是增加公司清洁产品的销售收入。你可能会在待办事项清单上看到很多与这个目标相关的任务：对新的营销创意进行头脑风暴，对客户问卷进行分析，测试新的定价模型。也许你也有一些需要优先启动的项目：推出一个社交媒体活动，为你的一个产品线创建一个新的网站，以及为另一个产品线改进包装。

但你的待办事项清单也包括一些跟提高清洁产品收入这个目标没有关系的其他内容：例如为营销团队的初级成员引入午餐时学习计划，对纸类产品线进行市场研究学习，以及发表一篇介绍公司如何承担社会责任的博客。这些任务和你的任何高优先级目标都没有直接联系。停下来问一问自己：我还有清单外的其他重要目标吗？说不定你会突然发现你忽略了留住团队成员的目标，这就是你想要推行午餐时学习计划的原因。因此，你可以将留住员工添加到中等优先级列表中，并把午餐时学习计划放在你的待办事项清单上。

如果有些任务或项目无法与中高等优先级的目标挂钩，则应将其从你的待办事项清单中删除。在案例中，市场研究学习和发表博客与你本月或本季度的任何中高等优先级的事项都无关，所以你可能需要将它们先放在一边。但是，你需要确保这些任务对你的经理并不重要，即使他可能没有明确地将这些任务分配给你。所以在你下一次一对一跟经理交谈时，可以向你的经理解释：之所以你把这些任务放在后面，是因为这样你就可以专注于那些提高清洁产品收入的主要目标。

▶ 评估被指派的任务和项目

此时，你的待办事项清单将包括许多与高优先级目标挂钩的任务或项目。可能你还有经理分配的任务和项目，但这些任务和项目与高优先级的目标无关。在这种情况下，你可能需要与经理协商。你可以指出，撰写一份关于竞争对手的重要会计政策的报告，实际上并没有推进老板本季度设定的任何最高优先级目标。然而，如果你将时间重新分配给新的报告平台的评估和实施方面你可以更有效地实现他缩短年度财务报告的周转时间的目标。这就意味着，你的目标是将你的时间转移到能够推进你和你经理确定的首要任务上。例如，如果经理要求你为他的月度内部会议制作幻灯片，你要让她相信这不是对你的时间的最佳利用方式，因为这些会议的参与者几乎不看幻灯片。不仅如此，你可能会向他提出建议，让你把时间花在每月在业内刊物上发表一篇文章是一种更好的利用方式，因为那篇文章既可以推进磨炼你的写作技巧这个目标，同时又能实现他增加销售线索的目标。

▶ 将时间与优先项目匹配

将任务和项目与目标挂钩后，你就可以着手确定你的日程安排与你的高优先级目标的匹配程度。这一步是绝对必要的，因为这是帮助你找到处理关键任务和项目能力的重要时刻，尤其是如果项目不断被你手头的其他任务影响的时候。

少数专业人士可能会发现，他们的与高优先级目标相关的任务和项目列表太长了，即使他们把所有的时间都花在这些任务和项目上，也不可能完成它们。如果这与你的情况很像，你需要重点解决你认为高度优先的目标。你要刻意做出这个决定，即使这么做很痛苦，也比仅仅因为没有时间就放弃高优先级的项目要好得多。

然而，对绝大多数人来说，他们的问题截然不同，即他们的首要目标和他们对时间的利用无法达成一致。在麦肯锡对近 1 500 名高管的调查中，只有 9% 的人表示，他们对自己利用时间的方式和希望实现的目标之间的匹配度"非常满意"。近 1/3 的人认为，他们在某种程度上对此很不满意。此外，调查中只有一半的受访者认为，他们的时间分配在很大程度上与其企业的战略优先事项一致。[1]

这种不匹配对远程员工来说是非常危险的，特别是如果你已经成功地让经理根据你的业绩而不是工作时间来对你做出评估。那么，所有这些浪费的时间代表了你可以做一些对你的工作业绩考评很重要的事情，而不是浪费在一个不那么重要（很可能是看不见的）任务上。

但你不知道你是否把时间浪费在不重要的工作上了，直到你终于知道你的时间花在了哪里。大多数专业人士知道自己的钱花在了哪里，却不知道自己的时间花在了哪里。如果你在一个游戏节目中赢得了 10 万美元，一年后你可以描述你度假的地方、你偿还的债务和你缴纳的税款。然而，你能对过去一年的时间花在了哪里有同样清晰的描述吗？如果你一年赚 10 万美元，那价值 10 万美元的时间去了哪里？

要充分了解自己的时间花在了哪里，不妨看看你的日程表或者时间跟踪软件生成的日志（这个方式更好。有关如何设置这些日志，请参见第 8 章）。然后，回答以下三个问题：

（1）平均来说，你每周花在工作上的时间有多少？花在其他事情上的时间又有多少？（如果你对工作和个人活动所花的时间进行了分类跟踪，那么你的时间跟踪软件可以回答这个问题。）

（2）在工作上你花时间最多的 3 个主要活动是什么？（你的时间跟踪软件也可以帮助你通过项目或工作类型进行记录，例如，你在写作上花了多少时间，在网络搜索、电子邮件和电子表格上花了多少时间。）

---

[1] Frankki Bevins and Aaron De Smet, "Making Time Management the Organization's Priority", *McKinsey Quarterly*, January 2013, https://www.mckinsey.com/~/media/McKinsey/Not%20Mapped/Making%20time%20management%20 the%20organizations%20priority/Making%20time%20management%20the%20 organizations%20priority.pdf.

（3）你每周要花多少时间处理与工作相关的会议和电子邮件？（使用你的日历来统计你花在视频会议上的全部时间，使用时间跟踪软件或专门统计你的电子邮件客户端的时间跟踪器来优化你的时间管理。）

现在记录你如何使用自己的时间，并与本章前面你自己拟定并设定应优先完成的目标进行比较。（同样，使用时间跟踪软件来帮助你回答以下问题。）

（1）你的工作时间有百分之多少用于支持最高等优先级目标？
（2）你的工作时间有百分之多少用于支持中等优先级目标？
（3）你的工作时间有百分之多少用于支持低优先级目标？（这需在总结问题（1）和（2）的答案后得出）

很多读者可能会对此感到畏惧。你可能会想，上个月我花了45个小时在召开会议和打电话上，这与我的获得更多商业线索、扩充人脉、建立更多行业联系的目标完全没有关系。我为什么要浪费这些时间？

遗憾的是，浪费时间的现象太常见了，尤其是在你第一次进行远程工作时。为了证明你能快速回应同事或客户（而不是偷偷去做其他事情），你会把时间化在各种有利于他人优先完成的目标上，而不是专注于自己的或对经理重要的目标上。因此，你可能会发现，你的效率并不高——因为工作效率意味着你要确保能够完成重要的项目和优先事项。

但是，所有被"浪费"的时间都会带来潜在的工作能力。你现在可以重新列出真正实现个人业务目标的任务和项目。在接下来的两章中，我们将介绍如何充分利用这些能力：首先学习如何有效地完成最高优先级的项目，然后学习如何尽快扫除所有低优先级项目带来的混乱。

来自远程工作者们的分享

西蒙·亚历山大（Simone Alexander）是科洛姆企业（Chrome Enterprise）公司的一名项目经理，她确定任务和目标优先级别的能力帮助她在新冠疫情期间专注于自己的工作，同时也帮助她在新冠疫情之前启动了一个创业项目。

Oleada创业试点项目是100%自筹资金项目。它将巴塞罗那的难民和移民妇女聚集在一起一个月，学习基本技能，目标是帮助她们实现自给自足。

这个想法来自我过去经验的积累。例如，与TED合作，与另一个针对发展中地区企业家的全球项目合作，以及支持初始创业项目直到后成功退出。我喜欢支持女性，照顾女性，为女性赋能，所以我知道我想做一些支持女性的事业。

以前我去过几次巴塞罗那，遇到过有趣、有影响力的人士。我意识到巴塞罗那是一个很有活力的社会：他们对新想法很开放，即使我与任何企业都没有关系，他们也愿意跟我见面，听取我的意见，并以各种方式支持我。

这个项目之所以能够成型，是因为我能够很好地安排我的时间。我加入的远程工作团队主要在伦敦，与我有1个小时的时差。每天早上5点半起床，然后工作，在伦敦的同事工作前把材料发给他们。上午9点到下午3点，我运行Oleada程序；下午3点到9点，我处理与客户有关的工作；在晚上与加州的团队成员商讨。我晚上9点开始睡觉，第二天早上5点半起床，我坚信睡眠对健康十分重要。

我这样远程工作了5年，直到新冠疫情暴发之前的几个月，我家人的健康出现了问题，我需要稳定的收入来源，因此我在谷歌找了一份工作。新冠疫情暴发后的前3个月，纽约真的很可怕，我挣扎了很久，决定还是回家工作。疫情蔓延期间的远程工作不像正常的远程工作，它会带来情感、身体和心理上的创伤。当你被困在家里时，工作和家庭被搅在了一起。

还有一部分原因是美国的种族冲突愈演愈烈：我是一名黑人妇女，我的家人都是黑人，而死于这种疾病的人恰好有不少又是黑人和拉丁裔。这对我造成了很大打击，但我有太多的工作要做，我没有时间调节自己的情绪。

这迫使我不得不非常规律地生活：起床，喝咖啡，冥想，做瑜伽，每天在固定的时间和我的心理治疗师交流。这种规律性让我可以更好地工作和生活。

由于工作背景，我的每一天、每一秒都十分充实，你必须对时间非常敏感。从9点或9点半开始，花一个小时查看电子邮件；然后我休息15分钟；之后，根据优先级将任务记录并放入我的日程安排。

如果我像在办公室工作一样每天坐在电脑前朝九晚五，工作效率会很低。远程工作时，我完成自己的任务即可。

要点总结

（1）从到点打卡上班转移到按任务完成工作，你需要充分考虑你的目标和优先事项。这样你才会很清楚你想要实现的是什么。

（2）首先将你所有的目标分为几类：经理或客户对你的期望，职业目标，对自己的期望及家人或朋友对你的期望。

（3）为列表中的每个目标分配一个优先级。按照高、中、低优先级对它们进行归类。特别注意所有重复的目标，以便能同时推进相同目标的多个项目。

（4）目标一旦明确后，继续列出你在下个月、下个季度和下一年的所有任务和项目。尝试将所有任务和项目与一个特定的目标挂钩。

（5）如果一个任务与中高等优先级目标无关，试着放弃它，或者与经理协商，确定从清单中删除它，这样你才有时间集中精力完成他安排给你的、优先级别高的任务。

（6）浏览你的日历或时间跟踪软件，以评估你的时间如何匹配你的首要目标。你应该将大部分时间花在与高优先级目标相关的任务或项目上。

（7）当你发现自己花的时间与高优先级别的项目不匹配时，请注意这也许代表一种可能性，即你能重新将时间集中在真正重要的事情上。

第 5 章
关注最终产品

2020 年春天，鲍勃在远程办公时，被要求就董事会应该如何应对疫情发表演讲。于是鲍勃要求一个聪明的研究人员整理关于这个主题的相关材料。这位远程工作的研究人员在互联网上搜索了无数篇与董事会如何良好运作有关的文章和研究。几周后，他向鲍勃提交了一份长长的备忘录。然而，这份备忘录对鲍勃毫无用处，因为这些信息大多都是关于董事会在正常时期如何有效运作，而没有涉及疫情大流行时期董事会应该如何应对。

当鲍勃要求研究人员整理疫情期间对董事会来说最重要的问题时，研究人员应立即确定几个关键主题：如何保持足够的现金流来渡过危机，需要哪些安全保障措施来保持员工的身体健康，以及在出现任何国际贸易限制时应如何重新保证补给线的稳定。有了这个大纲，这位研究人员就能够进行集中研究，并迅速整理出一个董事会在疫情期间应解决的关键问题的详尽报告。

这个故事说明提高个人生产力的第二大策略：尽早关注最终产品。此策略对有效完成高优先级项目至关重要，这些项目通常涉及甚广（如审查整个销售渠道），且复杂（如找出对不同地区哪些销售方式最有效）。

当你远程办公并像一个企业一样运作时，关注最终产品尤其重要。你的目标是为你的"客户"产出优秀的"可交付成果"。这意味着你要一直关心如何给你的客户留下深刻印象。也就是说，你需要完成哪些任务才能成功满足客户对你的所有要求。当你关注最终产品时，你会集中精力做那些对你项目的最终成功真正重要的事情。

开启任何一个大型或复杂项目的最佳方式都是关注最终产品，所以在本章我们将向你展示如何快速制定一套试行方针来指导你的工作。这里的关键词是"试行"：在整个项目中，你应该定期回顾你已经获取的知识，并相应地修改你的初步结论。这些回顾和总结就是我们所说的中期检查，它们对远程员工尤为重要。

但是光有这些中期检查还不够：当你的项目即将完成时，需要通过一系列试运行或测试来检验你的结论。除非你能在相关的"观众"身上尝试一下你的成功，否则你很难知道你的结论是否会成立。

从结果开始

开始任何一个大型项目最好的方式都是先考虑结果。如果你现在走进会议室进行汇报，你希望应对的关键问题是什么？这些问题如何能够得到解决？

大多数时候，专业人士的做法与此不同：他们通过研究同类项目或案例，收集大量客户或行业数据，只因为这似乎是一个通用方式。与同事和团队分开远程工作时，花几个小时收集背景信息的工作最后很可能要花上几天甚至几周：没有他们的检查或好奇的关注，你可能会像只兔子一样在洞中迷失。

事实上，详尽而漫长的数据研究是着手大项目之初很低效的方式。由于现在在网上可以获得大量易于搜索的信息，你为项目收集的信息多如牛毛。但是你真的需要所有信息吗？答案是否定的，因为大多数的它们对你的结论并不重要，很多甚至不会写进你的报告里。

事实上，在你强迫自己坐下来为这个项目写一些初步结论之前，你可能只需给自己不超过一两天的时间收集信息。再将这些结论仅仅看作是可被反驳的假设，可以随着项目的进展进行修改。当你学习新的知识和获得新的见解时，你可能不得不完全放弃最初的结论。但没关系，这些结论只是试行方案，如果发现它们是错误的，你尽可以把它们推翻。你甚至可以提出几个替代性结论，以挑选最令人满意的那一个。

例如，如果领导要求你为不同团队新加入的成员制定一个指导手册，你的可推翻的假设可能是"所有员工在开始远程工作之前应先花两周时间在公司上班以熟悉环境"，或者相反，"所有员工应先花两周时间尝试远程工作并熟悉基本的操作流程，之后花一周时间在办公室内与团队成员见面并完成其他基本培训"。

这种在早期得出初步结论的方法与收集许多信息，然后等到项目结束后再将它们结合在一起相比有两大优势。首先，初步结论为你随着项目进程收集信息提供了指南。如果没有这个指南，你可能会收集到大量不需要的信息，而又得不到能支持最终结论所需的数据。在上面的例子中，你的初步结论将使你专注于研究办公室内和远程办公之间的差异。

其次，初步结论会迫使你着手应对几乎任何大项目中都会出现的某些棘手的问题，所以你越早处理越好。如果没有这些难题，你可能没有足够的时间或信息来解决最后的分析问题。例如，假设你被要求研究洛杉矶的一家公司是否应该实施混合办公模式，有些员工在家工作，而另一些员工在办公室工作。你要做的应该不仅仅是收集大量数据，而应该集中关注这些关键问题：员工的通勤时间是多长？公司的办公室费用是多少？管理一个混合工作模式团队的挑战是什么？

远程工作时，这种初步结论尤其有用，因为它们有助于避免你们因为无法面对面沟通而出现的一些问题。例如，你的经理要求你提出一个新奢侈品的零售计划。经过初步研究，你会得出一些试探性的结论。当你的经理看到它们时，他意识到你错过了重要的一部分：你从来没有见过这个实体产品。你以为包装早已设计好了，而这实际上是你任务的一部分。从早期的初步结论开始，你可以避免电话或视频会议交流时因为这种误解而浪费时间及工作成果。

这种方式可以使任何以面试或调查为基础的项目进行得更快。例如，鲍勃曾要求一位技术娴熟的研究人员采访慈善基金会的高管，这些基金使用善款对私人公司进行投资，如一个癌症基金会购买了一家生物技术公司的股票。研究人员最初列出了一系列会产生许多有趣信息的标准问题，但这些信息并没有真正解决那些阻止基金投资营利性公司的问题。因此，她提出了一些可推翻的假设，集中在相关投资的可能的限制上，如法律风险或声誉问题。这些假设帮助她拟出了具体问题，直指问题核心。

我们强烈推荐学术界、非营利组织、政府以及商业领域的大型项目采用这种方法：给自己一个非常严格的时间限制——不超过两天。然后，不管你认为你知道多少，强迫自己写下一些初步结论。它们只需要指导你继续工作就可以了，因为你能够在过程中修改这些结论。这些修订将在中期审查中进行，我们将在下面进行讨论。

如果你可以设立一些评估你成效的指标——不仅是按时和按预算交付成果，还包括如何评估你的结论是正确的，这将帮助你坚持自己的方法。这些指标促使你一直关注重点并避免浪费时间在不必要的问题上，同时也为评估结果建立了明确的标准（如"我们的建议必须至少有 3 个可信的案例研究或学术文章支持"）。

中期审查

假设你正驾驶一架从纽约飞到巴黎的飞机，在横渡大西洋时要检查你的飞行方位绝对没有错，这样才能保证你飞向的是欧洲而不是北极。同理，你应该定好在任何重大项目中进行中期审查的计划，看看你的初步结论是否正确,并根据你目前所了解的内容进行修改。

换句话说,你需要用一套可反驳的假设来指导你的研究,但你不应该等到最后再来评估假设。通过暂停和反思你目前为止学到的东西,来完善你的研究,并用一套新的和改进过的初步结论来指导你剩下的研究。在一个大型项目中,你可能需要几次这样的中期评估,以便你可以每隔几周检查你的工作。在远程工作时,中期审查更加重要。你不能像以前那样随手打开同事办公室的门,或者在公司的茶水间里谈论你的想法,并快速得到同事的检验。相反,你需要制订一个计划,复查你的结论更好的做法是,通过与同事一对一电话交流,让他们倾听你的假设,并帮助你做出必要的调整。

让我们回到那位帮助鲍勃研究关于基金会购买与慈善有关的私人公司股票的研究员。通过在项目开始时提出可反驳的假设,她能够针对她认为最关键的问题设计与慈善、投资相关的法律风险调查问卷。然而,在进行了几次采访之后,她发现基金会面临着更大的挑战:招募和延聘有才华的专业人士来进行这些投资。所以她制定了新的面试问题来进行探索。换句话说,她修改了自己的可反驳的假设,以便让它们更好地针对她早期工作中出现的关键问题。

测试

如何知道何时确认你的初步结论?如果你在整个项目中定期进行中期审查,你的修改应该越来越少,直到接近你非常确信的结论(或现有时间内无限接近的程度)。

然而,在获得最终产品之前,你应该对结论进行测试,检验其是否合适和有效。根据我们的经验,这是在最终确定任何产品或服务之前的必要步骤。无论你如何努力收集正确的数据并进行正确的分析,如果不经过客户的试用，你就不知道客户对新产品或新服务会有什么反应。你可能会发现，只要一个小小的调整，一个失败的产品就能逆袭成为大赢家。

如果这个大型项目涉及分析问题或提出建议，你应该在最终确定它们之前针对目标受众拟写一个结论草稿。如果有可能，要向企业以外的专家或企业内部相关人士发送草稿。如果你能在最终确定之前得到关于草稿的反馈，就可以避免犯错或进入雷区。

从结果开始提出一些可修改的假设，并在中期审查的不同阶段测试你的初步结论，这比你以往花费几周时间盲目搜集资料，在最后才综合材料，以得到最终结果要省时间得多。更重要的是，你的高效肯定会得到更好的结果，因为你已经将时间和注意力花在了对项目结果真正重要的事情上，并且在不断改进你的思考方式和方法。这些结果才是衡量你业务水平的最终标准。

来自远程工作者们的分享

艾米·莱特霍尔德（Amy Lightholder）使用一种特定的软件开发方法——Agile 来确保团队不断学习，并调整产生最终产品的过程。

我是 Agile 方法的教练和项目经理（Agile 软件开发团队中负责"流程"的人）。当公司开始雇用海外工程师时，把过去的流程转换成远程办公流程成了我工作的一部分。

早在 2011 年，团队的其他成员就已经开始远程办公。花了几个月了解管理团队和设计团队后，我也开始远程办公了。我甚至在拉斯维加斯指导过几次工作。我觉得赌博既伤脑筋又乏味，但我妻子很喜欢，所以我会在酒店房间内办公。

在 Agile 项目中我们很少做需求分析，因为通常你无法预测会出现什么样的需求。相反，我们的重点是非常清楚你需要实现什么。

我们曾经做过一个教育应用程序，提供课程、评估和学生学习进程记录。这意味着每个用户要有一个账户，一个课程列表，每门课程的教学视频等。团队发现了如何实现这一目标，并创建了"项目记录"和"工作内容"，使得最终项目得以成型。

我们夜以继日地连续工作两周（称为"冲刺"），为每个步骤选择最重要、最紧急的工作。直到两周结束，我们将结果呈现给客户以获得反馈。然后，我们将客户的反馈（通常意味着新的工作）和其他学习内容整合到项目记录和下一次的工作计划中。一直重复这个循环，直到项目完成。

每个冲刺阶段的最后，都必须有一个可操作的产品。如果没有可操作的产品，你就无法得到真实的反馈。此外，如果项目随时中断，你之前投入的工作也不会浪费。这与我们 2010 年之前的方法完全不同，当时中止软件项目通常意味着彻底的损失。

Agile 的创业计划也采用了类似的方法（称为"精细创业"）：先确定需求和市场，然后创建最简单的产品（最小的可行产品，minimum viable product，MVP）来验证你提出的解决方案客户是否愿意购买。（这些 MVP 通常很简单，一个很有名的例子就是 Zappos：它的创始人会给当地商店的鞋子拍照，创建一个展示照片的网站，并在客户下订单后手工制作这些鞋子。）只有在证明你能为合适的客户提供合适的解决方案（称为"产品/市场适配性"）之后，你才会投入时间和精力制作更好的版本。你可以生产许多"更好"的版本，不断改进你的解决方案，并在最后确认客户是否满意。

这种迭代的、不断进行验证的商业方案降低了创业最大的风险之一：将大量的时间和金钱投入一个无法销售的产品中。

Agile 方法的应用确实是无穷无尽的，我认识的大多数 Agile 方法使用者在其他方面也融入了这种方法，包括他们的个人生活。它教会我的最有价值的东西之一就是自我认知的能力。一般人对自己完成任何给定任务所需时间的预测基本不准，这完全是由于他们在重复周期中缺乏反思和有效测算。

> **要点总结**
>
> （1）从结果开始：要求自己在研究任务下达后的一两天内尽早写下一些初步假设性结论。
> （2）用可反驳的假设来构建你的初步结论，收集新的证据和建议时，允许自己对结论做出修改。
> （3）在项目中定期进行中期审查，根据新数据和更深入的分析修改初步结论。
> （4）一个大型或可扩展项目可能需要多次中期审查，期间你的修改会越来越少。
> （5）如果一个大项目涉及分析问题或提出建议，在得出结论之前要从企业内、外部专家那里获得关于结论草稿的反馈。
> （6）如果你正在设计一个新的产品或服务，请让一些客户或用户试用。他们的反馈将帮助你避免很多严重问题。

第 6 章
不在小事上浪费时间

艾莉克斯（作者亚历珊德拉的昵称）还有几个月就博士毕业了，她正在撰写毕业论文，而她的丈夫，作为全国政治竞选的演讲稿撰写人，已经出差 5 个月了。一切都还好，除了她那个 8 个月大的婴儿要照料。

但艾莉克斯决定完成她的学业，照顾好孩子，以及其他事情——她绝不会让任何意外发生。她继续作为自由撰稿人为杂志撰稿，自己做晚餐，准备学术演讲。她甚至试着自己组装新桌子，这样她丈夫回来时，她也能有单独的工作空间。

她需要在车库里找到一个工具箱。当她在一片混乱中疯狂地寻找时，突然反应过来：她根本不需要在毕业论文只有 7 周就到截止日期时自己拼一张桌子，也不需要准备工作演讲或为杂志撰稿，甚至不需要自己做晚饭。她所需要做的就是写论文，照顾好孩子，其他一切都是她必须放弃的小事。

在家工作时，我们会很容易陷入无关紧要的小事中。除了办公室里出现的所有琐碎的事情，如形式上的会议邀请、几十个毫无意义的邮件转发和费用报告，你会很容易被家庭生活中的各种琐事缠身，如洗衣服、在家里修修补补和准备晚餐。

但是，如果你经常被卷入那些无休无止的小事和家庭生活中，就无法完成你的首要任务，并集中在最重要的项目上。当你从待办事项清单上一口气删除 50 件小事时，你可能会觉得自己变得很高效，但最好的办法还是把时间花在大型的、高优先级的项目上。

俗话说：不在小事上浪费时间。当然，这句话说起来容易做起来难！我们知道，每天其他人会扔给你一堆杂事，这就是为什么这本书后面有好几章都是涉及如何解决两个最大的罪魁祸首：会议和电子邮件。

但有时候，我们被这些琐事缠身是因为我们的内心害怕放弃任何事情。本章将关注提高你的生产力的两个最大阻碍——拖延症和完美主义，并提供克服它们的策略。然后我们将介绍可以帮助你处理别人带给你的琐事的两大策略：多任务处理系统和 OHIO 原则。

拖延症

如果你在远程工作时总是使用电脑，那么你的注意力就很容易被分散。你会时不时地查看电子邮件，处理垃圾信息，或者在领英上阅读行业新闻。但所有这些都不如周五即将截止的大项目那么重要。你可能还会在 YouTube 上看视频，玩电子游戏，或者阅读一篇 8 100 字的关于儿童电视节目《许望骨》(Wishbone)的历史回顾……其实这些都没有你当天必做任务清单那么重要。

但你不必为自己的拖沓感到羞愧。拖延的习惯是由行为经济学家所说的"双曲贴现"所驱动的，即人们更看重眼前而非未来能获得的回报。[①] 大多数人会选择做一些令自己能立刻感到愉快的事情，并推迟任何需要付出努力的事情。

很多人都是一定程度的拖延者，当面对一些无聊或耗时的事情时，他们宁愿推迟无聊的事情，去做一些愉快的事情。通常可以通过将任务

---

① Lakshmi Mani, "Hyperbolic Discounting: Why You Make Terrible Life Choices", *Medium*（blog）, August 1, 2017, https: //medium.com/behavior-design/hyperbolic-discounting-aefb7acec46e.

分割成一个个小的部分来克服这些人的拖延习惯：将完成项目的截止日期细化成一个个小任务的截止日期。① 通过将这些截止日期添加到你的日历或项目管理应用程序中来加强对自己的约束，以便你可以在每个截止日期前看到你需要完成的任务，并将每个任务与个人奖励挂钩。例如，如果鲍勃再批改完 5 篇论文，会奖励自己一盘冰激凌；批改完 10 篇，就用看电视节目来奖励自己。

还有很多可以帮到有适度拖延习惯的远程工作者的其他策略。设定一个你每天到达办公桌的时间，即使只是为了坐在那里玩纸牌，只要坐在电脑前就赢了一半。把椅子放在离没洗的盘子或乱糟糟的客厅较远的地方，从而减少干家务的诱惑。当你写完论文第一段、接了第一个电话或完成第一个图表时，给自己一个小奖励：只要完成一个小任务就给自己奖励，这样你就不会害怕工作。

一些轻微的拖延者可能会发现在家工作时他们的拖延症更严重了：总有一些家务要干，结果工作被耽误了。把这种趋势扼杀在萌芽状态是值得的，因为长期惯性拖延者为他们不正常的习惯付出了很大的个人代价。他们在项目的早期就非常焦虑，但除了逃避工作，他们该做的都做了。随着最后期限的临近，他们进入了恐慌模式：打乱了正常的生活节奏，在最后期限前的最后几天里通宵达旦地工作。这种过山车般的节奏不仅损害了他们的工作质量，而且拖延症患者们的突然消失，也会对朋友和家人造成严重影响。

以下是一些可以帮到慢性拖延症者的策略：

- **将任务分解**。当你因为一个项目的规模或复杂性而感到恐惧时，把它分解成更小部分。如果有哪一部分让你感觉很容易上手，或者让你

---

①Dan Ariely and Klaus Wertenbroch, "Procrastination, Deadlines and Performance: Self-Control by Precommitment"（Cambridge, MA：Massachusetts Institute of Technology, 2011）, https://erationality.media.mit.edu/papers/dan /eRational/Dynamic%20preferences/deadlines.pdf.

觉得真的很有趣，那就开始吧，即使这个起点有点不合逻辑。一旦你开始了，要继续下去就容易多了。

- **减少环境干扰**。如果你很容易分心，总能找到其他的事情做，那就看看如何减少环境，即你的物理空间和网络空间对你工作的干扰。关闭浏览器，打开应用程序，屏蔽社交媒体（或者关闭你的网络连接），把桌子上的所有杂物都放入一个有盖子的大盒子里（这样你就看不到它们），然后打开手机的"勿扰模式"。

- **设置临时截止日期**。如果你需要一个紧迫的最后期限的肾上腺素来让你进入状态，那么可以创建一系列固定的最后期限，每一个完成之后都有奖励。或者把你自己最喜欢的巧克力棒留到你写完一个大项目的初步结论的时候；或者只要完成前3个小时的工作，你就可以去网上疯狂购物。

- **让自己负责**。让自己负起责任来——对你的经理或与你工作相关的同事。给你的经理或同事一份迷你截止日期清单，并书面承诺与他们会面。如果这让你感觉太可怕了（或者适得其反，反而让你无法履行你的承诺），试着找一个可以敦促你负责的朋友作为你的搭档。

- **深入挖掘拖延背后的原因**。如果你是一个严重的或慢性拖延者，试着了解你的问题的根源是什么。与其告诉你脑子里的那个拖延症患者闭嘴，倒不如试着听听它想说什么：你在逃避什么？你又害怕什么？你可能对失败有深深的恐惧，或者你可能觉得自己的能力不足以胜任这份工作。[1] 如果你从来没有真正了解过自己拖延的根本原因，不妨找一位心理治疗师和你一起找出你拖延的根源以及可行的解决方案。

---

[1] Laura Solomon and Esther Rothblum, "Academic Procrastination: Frequency and Cognitive-Behavioral Correlates", *Journal of Counseling Psychology* 31, no.4（1984）, 503-9, https://psycnet.apa.org/record/1985-07993-001.

完美主义

完美主义是另一个会影响你生产力的习惯——尤其是当你沉迷于纠正每个项目中的每个小细节,而不管它是高优先级还是低优先级的时候。心理学家将完美主义描述为一种使个人追求完美的个性特质。[1] 它可以表现为一个令人难以置信的高标准,强烈的自我批评,或者对别人如何评价你的高度关注。

完美主义很容易被描绘成一个似是而非的缺陷,就好像你在面试中被问到自己的弱点时,有些人就会似贬实褒地提到自己的完美主义。然而,完美主义是提高生产力的真正障碍。虽然完美主义者可能聪明而勤奋,但他们很难放弃某个项目,将项目委托给别人,或者知道什么时候应该适可而止。所有这些都意味着他们会花太多的时间在错误的小事上,而不是专注于最终产品,并将时间分配在他们的高优先级事项上。

这里有两个例子来说明这种完美主义在工作中的表现,以及为什么它如此具有破坏性:

- 每周,一名中层员工会花一个多小时仔细检查她每周时间表的准确性,其实根本没人会看。但她本可以利用这段时间参与公司的辅导计划,并获得有价值的指导。
- 一位 IT 总监会亲自回复每封要求他推荐软件的电子邮件,并提供详细的两到三页的信息,解释所有可用的选项。其实他本可以只写一句话来推荐他喜欢的工具,然后利用这个时间为整个公司推出一个软件选择指南。

为什么人们会成为完美主义者?有的说,是他们的父母或老师给他们灌输了这个习惯。另一些人承认他们之所以成为完美主义者,是因为

---

[1] Elaine Mead, "Letting Go of Perfectionism in Pursuit of Productivity", *Medium*(blog), September 17, 2019, https://medium.com/swlh/letting-go-of-perfectionism-in-pursuit-of-productivity-2e8ce9a08471.

他们是控制狂,或者他们有根深蒂固的恐惧。[1] 还有一些人长期以来一直扮演或从事需要非常关注细节的角色或职业,如项目管理、法律或工程。

你真的是一个脑外科医生吗?你真的是一个火箭科学家吗?还是你所在的那个领域,一个小错误会杀死一个人或数千人?你是核反应堆管理人员、空中交通管制员、土木工程师吗?如果是,那请保持你的完美主义。每次我们的核反应堆没有爆炸,桥梁没有倒塌时,我们都很感激。但是其他人,请放弃你的完美主义。你的不完美不会伤害任何人。它只会让你完成低价值任务,你永远都没有时间真正实现你的首要目标,你也永远不会被分配到那些可以真正有助你职业发展的大项目中。

鲍勃的一位同事过去常常花几天,有时几周的时间来完善小问题的指导手册。他非常小心地处理每一个可能想到的意外事件,并掩盖每一个细微差别,无论多么烦琐。等到他结束时,这些指导手册里塞满了各种脚注和定义,尽管提供这些细节没有任何必要,而且在他所记录的领域也几乎没有什么风险。这位专业人士在每个小项目上花费的时间越多,意味着老板越会担心他无法完成任何大的或复杂的任务。

克服完美主义对提高工作效率至关重要。当你花很多时间在特定的任务上时,你的回报只会越来越少。你可能要花几个小时才能写出一份备忘录的草稿,要花几周或几个月的时间才能写出一个最终打磨好的草稿。因此,只有当这个项目是你的高优先级别目标之一,或者是你经理的高优先级别目标时,你才应该花费这个额外的时间。如果你不确定一个项目对经理有多重要,就问问她。大多数经理会愿意帮助你避免在低优先级的项目上花费大量的时间和精力。

---

[1] "Perfectionism", GoodTherapy, no. 5, 2019, https://www.goodtherapy.org/learn-about-therapy/issues/perfectionism.

要解决你的完美主义问题，请采取以下部分或全部策略：

- **给自己设定一个真正的最后期限，然后完成**。不要加班或牺牲睡眠。你面临的挑战是在给定的时间内完成任务，即使它并不完美。
- **在处理低优先级任务时，有意做得不够完美**。你的目标是提供低于完美级别的工作，所以如果你提交了完美级别的成果，这也是一种失败。虽然这可能需要练习，但它将有助于训练你摆脱完美主义的习惯。
- **使用你的优先级设置回顾来仔细看看你没有时间完成的高优先级项目**。列出这些优先等级清单，并将它们放在办公室可见的地方，提醒自己尝试通过少关注低优先级细节来获得时间。
- **让自己习惯灾难**。如果你真的放弃了某个项目，会发生什么呢？会有人死去或失去他们的房子吗？如果你在某个报告中犯了几个拼写错误，你的工作真的就岌岌可危了吗？让自己想象一下最坏的情况，可能是一种有用的方式，可以削弱你模糊但未说出口的恐惧。

> **远程办公策略：提供不太完美的成果**
>
> 担心经理会让你不停地浪费时间在无关紧要的小事上？那么，现在是时候将他的注意力转移到你的工作成果上了，如果你想要获得他的奖赏。
>
> 当你交付的工作很重要，并且让经理很满意时，一定要特地告诉他你是怎么在给定的时间内得到这个高质量的结果的："我很开心你喜欢我给董事们做的幻灯片。我本来可以额外花些时间让幻灯片更完美，但是我发现其实用我们为度假广告做的幻灯片模板也能接受，我就没浪费那个时间了。"

除了克服拖延症和完美主义的负面影响之外，你还可以采取一些积极的做法，让小事无法阻碍你的工作：多任务处理系统和OHIO原则。

多任务处理系统

很多忙碌的人常常同时处理很多任务。首席执行官们可能会在车里、开车去做演讲的路上打办公电话。营销副总裁们可能会一边写一份简短的备忘录，一边听竞争对手在网络研讨会上的发言。很多专业人士遇到漫长而无聊的会议时，可能会小心谨慎地检查他们的电子邮箱。

当你在家办公时，会有更多的机会去同时完成多项任务。你可以在查看电子邮件的同时看电视，在阅读最新的行业新闻时骑健身自行车，或者在听商业播客时叠衣服。

在会议期间也更容易多任务同时进行，因为很多会议都是通过视频或电话进行的。只要你将麦克风静音，关闭摄像头，就没有人知道你在做什么。事实上，在家工作的人越多，远程工作者能同时处理多项任务就已经不是秘密了。越来越多的人承认他们在遛狗的时候加入电话会议，或者为了解答孩子作业遇到的问题而离开会议一小会儿。

然而，多任务处理系统在学术界的名声很差。许多研究发现，多任务同时处理会导致工作质量低，降低生产力。大多数人根本不能同时专注于多项任务，所以他们并不是真正的多任务处理：他们只是在不同的任务之间来回切换，每次都会付出一定代价，因为他们的大脑必须重新启动和重新集中注意力，这很浪费时间和精力。研究人员指出，一次只执行一项极其重要的任务，实际上会比承担这些切换成本更有效。[1]

然而，当人们同时处理多任务时，很少试图处理两个真正关键的任

---

[1] "Multitasking: Switching Costs", American Psychological Association, March 20, 2006, https://www.apa.org/research/action/multitask.

务。相反,他们只是在听一个长时间的电话会议时吃一个三明治,或者在一个无聊的会议上查查天气。这里的关键是,这两种活动都不需要你完全集中注意力:你不会试图吸收和分析你收到的所有信息。相反,你是在监视一个活动,并等待将注意力转向另一个活动的信号。这种多任务处理可以是一种有效地完成低优先级任务的好方法。

是的,有一些研究可支持这种多任务处理。例如,当你执行使用大脑不同分区的任务时,多任务处理可能并不是问题。[1] 如果两个任务之间没有直接冲突,人们可以同时执行它们,特别是如果他们以前同时执行过不同的任务。[2]

因此,当你决定是否同时处理多项任务时,要考虑每项任务的相对重要性及需要多少脑力;不要尝试同时完成两个重要任务。应提前计划好多任务处理工作方式,与其让第二项任务分散你对会议或电话的注意力,倒不如特地选择一个需使用不同思维方式(或者根本很少思维)的活动。

有时,你可能会发现自己其实完全有能力处理第二项低需求的任务,但由于客观原因,你需要克制自己。在与客户或潜在客户打交道时,你通常不应该同时处理多项任务,否则他们可能认为你对他们的业务并不真正感兴趣。当你与那些对你的工作有控制权的人见面时,如你的经理或监管机构,不要同时处理多任务,因为你不能不尊重他们。

如果你的多任务处理工作方式可能会或不会被他人接受,倒不如考虑一个比较直接的方式,就是问:"我觉得这次会议只需要我在几个关键点发言,所以我可以在视频会议期间查看我的团队信息吗?"如果你让同事知道你正在做与你的工作相关的事情,而且你不会试图隐藏你轻

---

[1] Peter Bregman, "When Multitasking Is a Good Thing." Forbes.com, https://www.forbes.com/sites/peterbregman/2015/01/28/when-multitasking-is-a-good-thing/.
[2] Eric H. Schumacher, "Virtually Perfect Time Sharing in Dual-Task Performance: Uncorking the Central Cognitive Bottleneck", *Psychological Science* 12, no.2(2001), 101-8, https://journals.sagepub.com/doi/pdf/10.1111/1467-9280.00318.

微的分心,他们更有可能对你做出积极反应。事实上,他们很可能很感激自己也可以同样提出类似的请求。

OHIO(只处理一次)原则

每当鲍勃在某个会议上发言时,都会有《极端生产力》的读者感叹道,幸亏了解了 OHIO 原则,现在他们变得有效率多了。我们这里说的 OHIO 当然不是俄亥俄州,我们用这个首字母缩写来表示只处理一次原则。

换句话说,当你收到重要的电子邮件、电话或信息——即与对你重要的人员或目标有关时,(如果可以的话)应立即回复。推迟回复只意味着你得一而再(或再而三)地反复思考,而每次思考都消耗时间和精力,并使你的焦虑不断增加。

想想这种做法能够如何改变你的日常生活。每天你都会收到来自同事、家人和朋友的各种问询,每个都需要你付出精力和时间。你也许还会收到你不认识的人的干扰,如推销员或筹款人。当你在家工作时,来找你的人就更多了:挨家挨户拉票的人,打电话跟你聊天的朋友,孩子来找你要零食。

当你收到这些请求时,你要立即决定是响应还是完全忽略。一般来说,我们建议你忽略 50%~75% 的请求,不管是来自广告商的垃圾邮件,还是来自一些几乎跟你没什么联系的团体的每日报告,甚至是来自自己企业内部的无关电子邮件。你需要无情地丢弃这些低优先级信息,以便在更高优先级目标上花费时间和精力。(在第 13 章中,我们将教你如何设置过滤器以自动丢弃这些低优先级电子邮件和文本,这样你根本就不会看到它们。)

如果你倾向于避开那些你不得不(很不情愿地)拒绝的请求,可以考虑通过起草一些通用的"不用了,谢谢你"电子邮件来增强你的意志力,并将它们保存为电子邮件的签名或文本。现在你不必发愁该如何拒绝才不会引起摩擦,你只需使用预先写好的文本。

另外,你会不时地收到一封重要的电子邮件,在这种情况下,你应该立即回复。假设你收到了美国国税局的通知,通知你有一张未付的税单。如果税单金额很小,而且你手头还有很多这样的单子,你很容易把这个通知放在一边——毕竟,谁愿意跟美国国税局打交道?但一周后,当你有时间来支付账单时,却发现不知道去哪里找了:你花了半个小时在一堆信纸中寻找那份税单,而这半个小时你本可以用来工作或放松自己。或者,你可能会将这个税单忘得一干二净,结果让国税局扣了你的工资!

记住,推迟一天或一周的时间来回应重要请求可能导致最后你要花比原来多2倍或3倍的时间。例如,假设你收到一封邀请你参加与你的工作直接相关的行业会议的电子邮件,这挺好的,因为你作为一家远程企业运作的首要目标之一就是拓展你在业内的关系。按照OHIO原则,你要立即查看会议的日期和地点,看看你的时间是否合适;同时你再思考一下自己是不是很渴望接受邀请,如果有某种程度的犹豫,就表明你需要做更多调查。假设你感觉自己会很热切地答应,就应该立即接受邀请,并把它放进你的在线日程表。

但是假设你收到邀请邮件时,你的日程表在不断变化。你简单地看了一下日程安排,查看了一下自己哪天有空,就把邀请放在了一边,打算当天晚一点回复。结果,你忘得一干二净,直到几天后,你突然想起来还没有回复这封邮件。虽然你知道它在你的收件箱中,但不记得是哪天收到的或者邮件的确切名字,所以你不是单纯地在收件箱中搜索它,而是要一页一页地翻,直到找到这封邮件。最后,你找到并阅读了它,再次检查你的日程表。至此你已经在这封邮件上花了将近15分钟时间,而根据OHIO原则,不管是接受还是拒绝它,只需要不到5分钟时间。

当然，你只是多花了 10 分钟——这有什么大不了的？但现在，把这 10 分钟乘以每封电子邮件、每通电话和你每一个多花时间处理的备忘录。你本来可以把这些时间用在你的高优先级别目标上。除了帮助你找回这几分钟之外，OHIO 原则还将加强你与职业和个人生活中所有重要人物的联系，因为每个人都会感激你的及时回复。

什么时候应当延后处理

有时候，你最好的决定是不立即回复：也许你需要收集一些信息或考虑一下这个问题。在这种情况下，让对方知道你什么时候会回复他们，然后在日历上添加一个提前一两天的提醒，或者使用电子邮件附加组件，在指定的时间将邮件重新发送到你的收件箱。如果你需要从别人那里获取信息才能做出回答，应立即发出请求。所有这些都是为了确保重要的邮件不会被你遗忘或遗失，同时又保证了你能及时响应。

打败拖延症和完美主义可能是大胜利，但多任务处理系统和 OHIO 原则也会帮助你积累很多小胜利。总之，所有节省的时间都相当于使你的专业能力——一种你可以全身心投入最重要的工作中的能力，潜在地大幅提升。

来自远程工作者们的分享
卡特里娜·马歇尔（Katrina Marshall）作为自由职业者的经历在她的远程工作中帮助了她，使她勇于忽略那些不相关的规则和官僚主义，成为一个合格的英国地方政府通信官员。

几个月前开始这份工作时，我对自己说，卡特里娜，你以前从来没有做过地方政府官员，你要谦虚。但整个英国的政治体系都是为多数席位党建立的,有时官僚主义会牺牲生产力。

而我所做的很多事情都是围绕着为个人工作构建系统。当我进入地方政府时,我被要求把文件打印出来并寄到办公室,相关人员签名盖章后再寄回去。如果我能拍一张高分辨率的照片并发电子邮件,这件事情也同样可以完成。而且我被提醒参加对办公室工作人员进行的健康和安全培训,但它已经过时了,因为我不在办公室里工作。

当我还是一名自由职业者时,我学会了做较低承诺和交付高于承诺的产品。我从不故意不接电话;我的手机总是开着;只要能发电子邮件,我就会发;如果遇到了麻烦,我也会及时响应处理。我只是没有时间坐在办公桌前假装出勤,他们需要的只是一个测量你坐在办公桌前敲击键盘频率的系统。

经理们可以说:"我的团队成员不行,我得每5分钟检查一次。"这种程度的出勤率对工作效率没有什么帮助,因为你的兴趣只是看他们有没有出现,而不是交付了什么质量的产品。

我一开始就打算直来直去,我不会在工作人员的聊天群里中说"早上好"和"下午好"来每天打卡。当其他人都在用手机创建他们的活动轨迹的数字时间戳时,我不会。只要是我的工作完成后,我觉得我没有那些公务员那样的压力。但我很快了解到,有时生产力的表现和生产力本身一样重要。

我就是一个直来直去的人。我也喜欢逗别人笑,讲笑话是我的武器库里的众多武器之一。这种方式帮助我与其他跟我一起工作的人建立良好关系,我也不会默默担心他们会不会认为爱开玩笑的人不专业。专业性与你工作的准确性有关,而不是一个静态的行为框架。

我曾经在一家影片制作公司工作过,这家公司对专业精神的定义是:你只需要来上班就行!他们不在乎你的牛仔裤是不是撕破了,不管你是不是直接从袋子里吃方便面,如果你把你的宠物乌龟放在楼下的相机袋里,没人在乎!专业精神就是来上班并做你说你要做的事情。

现在和我合作的人是一个真正的团队；他们不会去强迫你去工作，我也不害怕被他们抓住我犯了错。但这和我作为自由职业者的经历非常不同，因为作为自由职业者签合同时，你要做的不是和团队融合：而是要完成某项特定的任务，然后在下一个项目开始前在海滩上玩上两周。

当我接到一个电话，对方责备我没有填写时间表——其实这个时间表不影响我的工资或年假——我知道这只是一个跟踪系统，以确保经理们可以说他们的团队成员没有过度劳累。如果你花了8个小时在工作上，怎么工作的重要吗？

要点总结

（1）当我们面对冗长或乏味的任务时，都有拖延的倾向，尤其是当你在家工作受到额外的干扰时。

（2）对于适度的拖延症患者，为一个大型项目的每一步设置小的最后期限，并在这些最后期限前成功完成工作后给予自己奖励。

（3）对于严重的拖延症患者，从简单的第一步开始，或者探讨你会拖延工作的原因。

（4）完美主义会让你浪费时间在小任务的细节上，它会妨碍你处理更重要的工作。

（5）对那些不是你的或者你经理的高优先级别的任务和项目，不用做到完美，这样你才有时间完成高优先级别的目标。

（6）只要结合了两个能互相兼容的任务，多任务处理就是完成低优先级任务的好方法，只是要注意不适合多任务处理的情况。

（7）如果两项活动都要求你集中注意力，不要尝试同时处理。在任务之间快速切换需要太多的时间和消耗太多的精力。

（8）根据OHIO（只处理一次）原则，你应该试着忽略大多数信息和请求。

（9）尽量立即回复任何对你很重要，或者能推动你的高优先级别目标的事情的信息或要求。

第三部分
成为一个井井有条的远程工作者

要将我们刚刚提到的基本生产力原则转化为行动,你需要很有条理——而当你远程办公时,一切看起来会完全不同,尤其是当你习惯了按照工作场所的日常安排来安排自己一天的工作,或者你习惯了依靠公司的 IT 团队保持办公设备的正常运行,或者习惯了与同事进行面对面的交流。

你如何安排自己的时间决定了你是像一个朝九晚五的办公机器,还是能够抓住家庭办公的灵活性,按照自己的时间表完成自己的工作。第 7 章将助你了解作为一个远程工作者如何管理自己的时间,这样你就可以充分利用每一天,同时还能保持身体健康,获得幸福感。

你如何使用各种科技产品决定了你的每一天是因为技术问题焦头烂额,还是善用数字工具与同事保持畅通联系,并有效完成自己的工作。第 8 章则将让你对时间管理、协作、生产力应用程序,和你作为一家远程企业需要的技术设备有一个全面的认识。

你如何布置自己的工作场所对你能否有效将工作与个人生活区分开来有很大影响——这样既可以防止工作侵蚀你的私人时间,也可以保证你淘气的小猫不会打扰到所有重要的客户电话。第 9 章将指导你如何建立你的家庭办公室、如何选择你的家庭着装,以及如何创造性地选择工作空间来提高你的效率。

第 7 章
管理你的时间

时间是远程工作者最好的朋友，也是最大的敌人。如果你试图像在办公室那样每天朝九晚五地上班，你很快就会精疲力竭。你在办公室内的 8 个小时包括休闲时间，例如，在会议开始前跟同事闲聊，或者从卫生间回到办公室时在走廊上跟同事聊 20 分钟。如果在家严格按朝九晚五的时间表工作，你可以完成平时在办公室两倍的工作量。但随着工作效率的显著上升，最终你可能会感到孤独和难受。

这就是为什么你需要安排自己的远程工作时间，以便利用没有同事包围且不被打扰而提高的工作效率。然后和朋友一起散很久的步，或者离开办公桌做晚餐，这和以前在办公室上班时的各种休息方式有异曲同工之妙。正确的时间管理将协调你一周中每天的办公时间及你的优先工作事项，并让你控制每一天的节奏。

如果你的目标是为你的客户或经理提供最好的产品，那么你需要在每天精力最充沛时做些深度思考或有创造性的工作，在你比较疲惫时处理些要求较低的工作。这就是为什么那些最能控制自己日程安排的人提到他们在家里工作效率最高。

本章将帮助你了解有效、可持续和可再生的日常生活方式的关键组成部分。我们将重新审视你作为一名远程工作者的工作方式，这样你就可以真正地从朝九晚五的工作制度中解放出来，专注于对你这个远程工作企业很重要的结果。接下来，我们将向你介绍一个时间管理系统，让你能够有效地对自己每日和每周的工作进行检查。最后，我们将帮助你建立在家里保持快乐和健康的良好习惯。

重新思考时间对远程工作者的意义

如果你在自己的日程表上看到的满是代表你需要参加的各种会议的彩色格子,那么你的工作效率会比较低。越来越多的人开始转向远程工作,使得人们需要参加的会议越来越多。然而,富有经验的远程工作者会告诉你,远程工作的真正魔力在于有大段的不被打扰的连续时间,这样你可以深入、有战略性地思考你的项目和工作。正是这种广阔的视角将那些只是断续完成任务、完成工作的人和那些真正拥有自己的事业的人区分开来。

一天中允许自己懈怠一下也是处理紧急事件的诀窍:不会有人想告诉经理,他们太忙了,无法应付突然的紧急情况,而我们的职业生涯中总是充满了这样的"惊喜"。如果你是一个为企业编写软件的程序员,你是否会告诉你最大的客户,他们的安全漏洞只能等到明天才能修补,因为你的工作已经排满了?如果你接到记者的电话,询问你们公司竞标的一个大型政府采购合同,你是否会仅仅因为你没有时间了解准确的事实和公司的立场而表示"无可奉告"?

在家工作时,你也很可能会遇到一些其他紧急情况:如洗碗机坏了,或者烟雾报警器已经响了一个小时了。除非你打电话给水管工或更换报警器的电池,否则你这一天又积累了一堆未能解决的问题。而在家工作的部分乐趣就是能够及时地处理这些事件。

要处理大大小小的危机,你每天早上和下午必须至少留出一个小时的机动时间。但如果你有需要高度集中注意力的工作,一个小时可能还不够。例如,程序员、作家、建筑师、设计师和其他需要准备复杂文档或产品的人可能需要更多的时间来进入最佳状态。

除了为能专注工作留出机动时间,重新考虑你什么时候或花了多少时间工作能让你变得极有效率。当你从那些毫无成效的会议(我们在第10章将更深入地讨论)中退出时,你可能会发现,你在家一天可以比在办公室完成更多工作。一旦你不需要回答那些新入职同事的问题，一旦你不是花 30 分钟到最近的餐馆吃午餐，而是花 2 分钟走到厨房给自己做点什么，你就可以完成更多的工作。

但这并不意味着你就可以成天坐着不动或者跟谁都没有任何交流。如果你认真地根据结果而不是时间来评估你的工作，你可能能够收回朝九晚五的办公室工作时浪费的一些时间，这样你就可以去见个朋友或出去散步——只要你有意识地重新利用你在办公室聊天中"浪费"的一些时间。

如果你所在的企业是任何一个同事都可以随时根据你的空当来安排你们的共同工作时间，或者你是由助理负责安排你的会议和电话，那要留出你自己的机动时间就很不容易。所以，要记得把预留的机动时间记在日程表上，就好像它们是一个约会——因为它们就是！它们是你与自己的约会，因此也是日程表上最重要的约会。把这个时间留给自己，你的同事就不会在你需要完成自己的工作的时候打扰你。

然而，除非你能利用这个时间来解决真正重要的问题——也就是真正完成你的目标和优先事项，否则保留的机动时间就失去了它的意义。在下一节中，我们将介绍如何建立一个能够充分利用已安排的时间和预留机动时间的管理系统。

时间管理系统

时间管理系统就是你如何确保每天和每周的工作都用于推进关键目标的任务和项目。我们在第 4 章中概述的目标优先级确定过程将帮助你在每年、每季度或每月确定这些任务和项目。但这些优先事项需要每周和每天一丝不苟地执行。

时间管理系统有两个组成部分。在每周回顾中，你会确定下一周的首要任务，以及你什么时候完成每个任务。在日常回顾中，你可以回顾当天和前后的情况，以确保你坚持执行了自己的计划，或根据需要调整计划。

▶ 每周回顾

你应该每周查看一次关键任务和项目的列表，并确定接下来的 7 天内你需要向前推进什么。每周五下午或周末留出大约一个小时进行回顾：如果等到周一早上再做，你已经开始新的一周了。

当你回顾手头的大型项目和优先事项时，记下你为了完成每个任务需要做些什么。然后，坐下来看每周的评论时，首先看看你前一周开始的待办事项清单。你完成了清单上的一切工作吗？如果没有，请将相关剩余任务转移到下一周的列表中，并退出不再需要处理的任务。如果你的团队使用项目管理系统来分配任务，请查看是否有已分配给你，但尚未出现在你的平台上或个人待办事项清单中的任务。你可以在一张纸上（这是鲍勃所采用的方法）、在标题为"任务"的数字笔记本（这是艾莉克斯的方法），或在任务管理应用程序（可能只是为你已经获知的任务分配具体日期）中编制一周的待办事项清单。这些方法都有效，只要它能让你一眼就明白未来一周的优先事项是什么。

一旦你将下一周的首要任务写下来，就需要考虑什么时候要解决哪个问题。在每天会议不断的日子里，也许你只有时间完成 2~3 个小任务，或者在打电话时完成一些简单的工作（例如给文件归档）。如果你有要求较高的工作，需要高度集中精力，那么要把这些任务放在你有较多自由时间的日子里（并考虑把它记到你的时间表中，以便预留足够的时间）。如果你有更高优先级的任务，需要几个时间段才能完成，看看是否可以婉拒日程表里已经记录的会议邀请。

如果你对未来一周需要处理的事情有一些选择权或灵活度，不妨考虑如何将各种活动穿插安排，以便充分利用远程工作的优势，避开它的劣势。一周中是不是有那么一天只有你自己在家？你可以推掉一两个不那么重要的会议，在这一天为即将到来的演讲做深入、专注的准备。如果你担心自己会在周三连续 5 个小时的电话会议后烦躁不安，那就安排好跟同事周三下午出去散步。（如果你们不能见面，也可以进行一个线上虚拟散步约会，只需要通过电话，不用视频连接。）

作为每周回顾的最后一步，你应该回顾前一周的日程安排以及每日时间跟踪软件的日志（我们将在第 8 章中介绍），以便了解你的时间都花在了哪里。有没有什么电话或会议感觉像是在浪费时间？在脑子里或者用文字记录下来，这样你就可以制定一种策略，在未来避开类似的邀约。你花在新闻、购物网站或社交媒体上的时间比自己想的要多？那就想想如何限制或者加快浏览这些网站的速度，免得自己忘了时间。这种每周回顾其实只需要几分钟，但它能让你在利用时间方面变得更明智、更有效。

请注意，你不需要每周向前推进每一个项目。例如，假设你是一个保险经纪人，你的目标之一是在今年将你的住宅保险收入增加 20%。你可能已经确定了一些推动这个目标的大型项目或重复任务（"开展本地广告推广活动来推销我们的住宅保险业务"或"参加可以见到房地产经纪人的社交活动"），因为每月的第一周，你的商业客户都将会收到租户的租金支票，你知道这是收取未付款项或寻找追加机会的好时机。所以，你在每月的第一周不会推进住宅保险业务，这样你才能有时间给你的商业客户打电话。

▶ 每日回顾

每天的时间不会像一个可以无限扩大的魔法盒子，装进所有的任务和会议。这就是为什么我们要仔细审查每一天的日程表，决定该做什么不该做什么，这很关键，也是你每日回顾的重点。

你可以在每个工作日结束时进行回顾，这样你才能在第二天一早完全准备好，当然你也可以把它当成每天的第一件事来做——至少在打第一通电话前半小时开始。无论如何，你的每日回顾有三个目的：确定当天的首要任务，写下每个约会的目标，并评估前一天的目标和任务的进展。

首先，检查你每周回顾时计划的任务，同时浏览列表上的各部分：周三的工作也许并不像周日的那样紧急，也可能会出现你需要解决的新事件。因此，你需要每天确定三四项任务，因为它们更加紧迫，或者非常重要。如果你能把其他项目从你这天的清单中划掉，那就最好了！关键是把这 3~4 个关键任务放在中心，以确保能够完成它们。

接下来，就应该考虑每次约会或会议的目标。最好的办法是使用一个双栏时间表，你不仅能看到每次是跟谁有约会、约会内容和时间，还可以看到为什么，即这次会议的目标。如果没有确定好目标，你可能会发现在这个时长为 45 分钟的视频中，在 36 分钟时你的工作还没有任何进展。事实上，我们的日程表中安排的很多内容都是这样的：所有会议和电话通常都只是基于别人的优先解决事项，当你接受会议邀约时，意味着你已经默认了这些优先事项。

在这个双栏时间表中，除了那些会重复出现的项目，如体育锻炼或回复电子邮件，你要标注其中每个事项的目标。是的，我们指的是每个事项！毕竟，如果你不知道自己参加某个会议的原因，那你为什么要参加它？（当然，有时候你的目标也只是"我参加这个头脑风暴的目的只是让经理知道我在积极参加团队活动"。）

下面就是一个可以打印出来的双栏时间表示例，你可以在上面记录每次会议的目标。这个时间表（见表 7.1）来自一家中型软件公司的首席技术官。

表 7.1 双栏时间表示例

开始时间	约会事项	目标
上午 8:00	锻炼	
上午 9:00	与公司高层的战略电话会议	确定第二季度的预算参数
上午 9:45	浏览推特和领英	回复关于我周二博客文章的推特/帖子
上午 10:00	与开发团队会面	为财务技术客户的合规实施方案计算预期完成时间
上午 11:00	无	
下午 12:00	与新员工在线共进午餐	完成与高级程序员的交易
下午 1:15	跟经理见面	重新评估优先级
下午 2:30	阅读员工报告	评估用户对 A/B 测试的反馈，以获得新的加载经验
下午 3:30	给首席执行官写备忘录	如何应对新的竞争对手
下午 4:30	无	
下午 5:30	给营销副总裁打电话	推广测试中的新功能
下午 7:00	家庭晚餐	庆祝迪莎的辩论团队获胜

表 7.1 中这位首席技术官在与开发团队会面的旁边一栏写的是确定公司财务技术客户需要的一个关键新功能的预计完成日期，以履行其合规义务。这就提醒了她，她需要找出实现相关界面更改的正确方法，所以她在阅读员工报告的时间栏旁添加了一个注释，提醒自己要特别关注界面问题。而在和家人吃晚餐那一栏，她提醒自己是为了庆祝女儿迪莎的辩论团队获胜；为此她得记得订购一个庆祝蛋糕，并保证在晚餐时能及时送到。

你也许更愿意用电子表格的方式制作日程表，但有一点比较棘手：大多数日历应用程序只包含一个标准的"注释"字段，并且受邀参加会

第 7 章 管理你的时间 099

议的人都能看到。这就是为什么我们建议你去找一个日历应用程序,其中包含一个只有你自己才可见的私人笔记字段,具有这个功能的日历工具不容易找到,如 BusyCal 或 Woven。或者,你也可以每天晚上将第二天的日程安排导入、粘贴、键入文档或电子表格中,并在那里添加你的目标。

进行每周回顾时,你可以开始建立你的双栏时间表:记下日历上的任何会议的目标,并考虑推迟那些参加意义不大的会议。但是,你仍然需要在每日回顾中设定目标,因为大多数远程工作者每天的日历上都会出现新的事件和邀约。

每日回顾的最后一部分是仔细研读你刚刚完成的这一天的任务和目标列表。实际上,你最好一开始就这样做。我们把它放在最后一步,只是因为我们需要解释制定任务的想法和每次约会的目标。

大致过程是这样的:工作日结束时(或新的工作日开始时),查看前一天晚上设定的目标和待办事项清单。你可以忽略已完成的任务,添加新内容,并可以根据过去 24 小时内发生的情况切换优先事项。然后挑选出将在第二天优先完成的 3~4 个任务,并填写每次电话或会议的目标。

这一切听起来似乎很耗费时间。然而,一旦掌握了其中的窍门,它更像一个 15 分钟的仪式,可以节省很多时间,更好地将你的时间分配与你的实际优先级别保持一致。这种仪式将有助于优化你的远程工作的效率,因此它不会使你在家庭或个人生活方面无法分清主次。这种仪式会让你像一个真正的企业一样思考,管理你最宝贵的资源——时间。

你的日常生活习惯:照顾自己的重要性

工作与生活的平衡像一个零和游戏,你的工作在某种程度上与你的生活之间存在冲突。但远程工作的真正乐趣在于消除摩擦,重塑你的工作,使它与你想要的生活完全融合。如果你能找到一种节奏,让你的每一天都是很自然地展开,而不需要不断努力把你的注意力拉回到工作上,你将会更快乐和更高效。正确的生活习惯将确保你能按时吃饭、睡觉和锻炼,让你更高效、健康和快乐。

建立一些像查尔斯·杜希格所说的"基本习惯",在日常生活中形成这种节奏。① 例如,如果你想让每天早上起床后的第一件事就是锻炼,这会形成一系列的后续选择:锻炼会让你流汗,所以你要洗澡和换衣服;锻炼会让你感到饥饿,所以你要准备早餐和煮咖啡。让运动后精神奕奕的你手里拿着咖啡,穿好衣服,准备好办公用品,此时已经进入最佳状态,你已经为开始你的工作日做好了充分准备,而这一切都始于你早上要进行锻炼的决定。

较小的日常习惯也会对你有帮助。每位远程工作者每天都要做成千上万个小决定,既有个人的(如午餐要吃什么),也有工作上的(如何时该给同事发信息)。使这些决定尽可能变得简单和形成自动的日常习惯,有助于保护你的脑力。小事上越简单,你思考大事时就会有越多的灵感和创造力!例如,计划每天吃同样的早餐(吃一些简单的东西,或者提前做好一周的早餐);每天穿同样的"制服";或者选择每天在一个特定的时间打扫卫生,同时听你最喜欢的商业播客。

当基本习惯成为你一天的节奏时,记住一定要在音频和视频会议中设置固定的休息时间。大多数人只能工作一定时间,除非你是个机器人,否则你的注意力会在 75 分钟或 90 分钟后开始减弱。

这时,保持你的工作效率的最好办法就是休息一下!站起来,走到另一个房间,洗洗碗,或者在小区里散散步。一个有效的休息时间大约

---

① Drake Baer, "Always Wear the Same Suit: Obama's Presidential Productivity Secrets", *Fast Company*, February 12, 2014, https://www.fastcompany.com/3026265/always-wear-the-same-suit-obamas-presidential-productivity-secrets.

是20~30分钟,这段时间足以让人的大脑巩固学到的知识,让人的身体重新充满活力。但不管你有多忙,都尽量不要不吃午餐。

> **番茄时间管理法**
>
> 并不是每个人都喜欢连续工作90分钟。如果一个工作时段太长,让你无法完成一个需要高度集中注意力、具有挑战性的任务,试试番茄时间管理法吧。[1] 在这个方法中,可以将计时器设置为25分钟,然后工作直到计时器响起。之后休息3~5分钟,重置计时器,再回去工作。在3~4个周期(一个半到两个小时)之后,给自己20或30分钟的休息时间。

发明远程工作机器人之前,大多数远程工作者还将是真正的人类,他们需要食物、睡眠和身体锻炼。把自己想象成一个奥林匹克运动员,正在为远程工作运动项目进行训练。就像运动员一样,你需要照顾好你的器械——你的身体,以便你能够在经营你这个企业时表现最佳。

大多数与睡眠有关的研究表明,如果晚上的睡眠时间达不到七八个小时,你的工作效率连为之前写好的电子邮件按下"发送"键这样简单的工作都无法完成。以宾夕法尼亚大学的一项研究为例:只睡6个小时的受试者的表现比那些每晚享受整整8个小时睡眠的人要糟糕得多,但他们根本不知道睡眠不足如何影响了他们的表现。[2] 能随心所欲地支配自己的时间是远程工作的好处之一,但每天晚上同一时间入睡(例如,从晚上11点到早上7点)对你最好,这个习惯将帮助你形成良好的睡眠节奏。

---

[1] Laura Scroggs, "The Pomodoro Technique", Todoist, 2020, https://todoist.com/productivity-methods/pomodoro-technique.
[2] ConorJ. Wild, Emily S. Nichols, Michael E. Battista, Bobby Stojanoski and Adrian M. Owen, "Dissociable Effects of Self-Reported Daily Sleep Duration on High-Level Cognitive Abilities", *Sleep* 41, no. 12(2018), zsy182, https://doi.org/10.1093/sleep/zsy182.

午睡

午睡是远程工作的一大乐趣之一。科学研究指出,午睡非常重要!定期午睡的人会长时间地表现得更警觉、工作更有成效。①

要成为睡午觉的人,你应该养成一个固定的习惯,如把脚放在桌子上,脱鞋。但是睡眠不要超过30分钟,因为午睡时间过长,在醒来后会感到头发蒙或晕头晕脑。② 因此,要设置一个25分钟后的闹钟。几周之后,习惯了闹钟你多半会在闹钟响起时醒来。

远程办公期间你可以吃得更好,或者更糟,这主要取决于你是利用在家工作的便利给自己一些健康的食物,还是会忙到又饿又累时才想起给自己点个比萨。每天一定要吃三餐,并且在一个舒适的厨房或用餐区吃饭,远离你的办公桌或电脑。真正饿了的时候吃饭,而不是仅仅把吃饭当作一种休息。手头随时准备好健康的零食,将你的每一餐和零食都当作让你的身体充满活力的养分,而不是什么小吃。这意味着你要吃大量的蛋白质和新鲜农产品,少吃碳水化合物,它们可能会让你的血糖飙升、身体崩溃。

身体锻炼对你的健康和工作效率至关重要。一项研究表明,锻炼不仅能提高工作者的个人健康水平,还能显著改善他们的工作表现。③ 最重要的是,一定要在日程表中建立一个固定的锻炼计划。虽然你并不总

---

① Sara C. Mednick, Denise J. Cai, Jennifer Kanady and Sean P. A. Drummond, "Comparing the Benefits of Caffeine, Naps and Placebo on Verbal, Motor and Perceptual Memory", *Behavioural Brain Research* 193, no.1 (2008), 79–86, https://doi.org/10.1016/j.bbr.2008.04.028.
② "Sleep Inertia", The Sleep Council, January 28, 2020, https://sleepcouncil.org.uk/advice-support/sleep-hub/sleep-matters/sleep-inertia/.
③ Jacob Daniel Drannan, "The Relationship Between Physical Exercise and Job Performance: The Mediating Effects of Subjective Health and Good Mood" (master's thesis, Bangkok University, 2016), http://dspace.bu.ac.th/bitstream/123456789/2249/1/drannanjacob.pdf.

是需要大量的锻炼，但至少应该每天都做一些身体运动：散散步，跳几分钟的舞，甚至做重体力家务劳动。选择一个比较合适的时间，放入你的日程表——无论是开启一天活力生活的早锻炼，还是中午和同事一起散步，或是下午和孩子一起骑自行车。如果你觉得你在远程工作中总是孤身一人，那么可以尝试加入一个跑步社团或者自行车骑行社团，这不仅会让你得到定期锻炼，还能为你带来一些社交互动。请记住：远程工作是一场马拉松，而不是一场短跑。把你当作奥运会运动员，你所有的吃饭、睡觉和锻炼等自我照顾，并不是只为了参加一个运动项目。你不是只为了这一年的远程工作：你是在建立一个自我照顾程序，它能让你这个远程企业运行得更长久。

> **来自远程工作者们的分享**
> 科里·布兰斯特罗姆（Corey Branstrom）是一名独立技术顾问，他会根据自己的业务调整跟家人相处的时间和自己的睡眠节奏。

我的工作是进行 WordPress 博客平台、服务器和网络的支持和维护。我不搞软件开发；我是那个如果你的电脑出了问题就会给我打电话的人。你难道不是更愿意给我打电话，而不是某家大公司里你不认识的某个技术人员吗？你是愿意打电话给 Geek Squad 公司，还是愿意直接给我打电话？

3年前，我开始成为全职自由职业者。在搬到波特兰后，我的妻子成了养家糊口的人。我白天照顾我们两岁的孩子，晚上更新 WordPress 网站。

之后，我在一所助产士学校兼职，在那里工作了10年。当孩子上床睡觉后，我开始工作——每周工作20个小时，从晚上8点到凌晨2点。我是一个夜猫子，通常不会在午夜前睡觉，所以每周有两个晚上睡得很晚对我来说不算什么，而且我也可以在助产士学校过夜。

后来，我的工作时间开始增加，每周晚上不是工作20个小时，而是30个小时。当我的第一次婚姻破裂时，我成为一个二年级小学生的单亲爸爸，生活变得一团糟：我在助产士学校和晚间的工作压力太大了。此外，我的小时（译者注：作为全职自由职业者时）收费比在学校的工资高得多，所以成为一个全职自由职业者更有意义。

上个月，有19个不同的客户给我结算费用。我可以选择要接受哪些客户，但主要是基于我所掌握的技能。如果有人遇到的问题不属于我的领域，我不会尝试去做。我不记得上次拒绝一个客户是什么时候。这是我的爱好，所以如果有人有些稀奇古怪的问题来找我解决，我会很开心。

当然，有些时候我的大脑也会想要休息一下，这时我就会花1天的时间玩类似《荒野之息》的电子游戏。也有那么几天我可以连续工作8小时、10小时，甚至12小时。在这种时候，我会白天工作，做晚饭，然后在孩子睡觉后，回去再工作三四个小时。

我尝到了远程工作的甜头，所以我不想回办公室工作了。知道了自己现在的价值之后，我就不想去开那些无聊的会议，不想向领导汇报工作了。我在大科技公司工作过，也在小科技公司工作过，但我喜欢现在的工作，我可以自己选择自己的客户。现在一切都走上了正轨，我再也不想回到过去了。

> **要点总结**
>
> （1）你的日常日程不应该被安排得太满：你需要空闲时间思考，处理工作和个人的紧急情况。
>
> （2）在新的一周开始前进行每周回顾，以确定如何通过特定任务来推进你的优先级项目，以及将这些任务放进你的日程表。
>
> （3）回顾你每周的时间是如何分配的，这样你就可以确定该如何改进，以及了解那些被会议和活动浪费的时间。

（4）每天做一次回顾，检查前一天工作的结果，确认 3~4 个至关重要的关键任务。

（5）整理一个两栏的每日日程安排，并提醒自己你想通过每次会议达到的目的。

（6）将重复的任务转换为每日例行活动，既节省了精力又更加高效。

（7）集中工作最多 90 分钟后休息一下，可以巩固已经学到的知识。

（8）每晚至少睡 7 个小时，可以避免出现对复杂任务的处理能力下降的情况。

（9）每天固定吃三餐，并随时准备好健康的零食。

（10）在同事和朋友的帮助下，定期进行身体锻炼。

第 8 章
善用技术工具

当你在远程工作时,你的电脑和电话不仅仅是你用来完成工作的工具,而是让你与经理、客户和同事保持联系的管道。

本章将向你介绍你的技术工具包的四个主要部分。首先,我们将介绍常见设备,是它们使得你的远程工作更轻松、更舒适。接下来,我们将介绍你的软件工具包的核心,它们可以是用来管理时间的日程表、待办事项清单和时间跟踪器。然后,介绍协作工具,它们帮你与经理、客户和同事保持联系,这些协作工具主要由他们选择的平台决定。最后,我们分享那些对你的工具包至关重要的,但你可以自己选择的应用程序。

深度使用技术工具

本章内容涵盖了任何远程工作者必备的技术工具,以及一些更高级的技术工具,它们为那些喜欢创新或需要解决特定技术问题的人提供了额外的选择。我们来看看如何使用本章和本书中的深度使用技术工具。

- **如果你是一个喜欢自己动手改进技术工具的人。**这将是一个清单,并且能为你提供新想法。请注意书中的"深度使用技术工具"这一部分,因为它们是专门为你准备的!
- **如果你对现有的系统和工具感到满意**,无论纸质的、电子的,还是两者混用的。请将这一部分视作一个快速的技术梳理。你可以浏览这一部分，看看是否可以帮你解决特定的问题，或是否向你介绍了可以提高你工作效率的新工具。

- 如果你正纠结于如何在工作中使用技术工具。读完这一章，但可以跳过"深度使用技术工具"这一部分。你只需快速浏览一下，除非这部分为你解决了某个特定的问题，否则不用读。

基础设施

大多数远程工作者会发现以下设备和服务非常重要：

- **一台特别好用的电脑**。工作中没有比电脑运行速度变慢或者不断崩溃更大的瓶颈了，所以一定要让你的经理保证你的电脑能及时更新换代，或者自己花钱买。
- **良好的带内置麦克风的蓝牙降噪耳机**。它们能让你打电话时保留一些隐私，当你试图集中注意力时，你也可以用它们来屏蔽孩子们的吵闹或其他外界的干扰。
- **一个网络摄像头盖**。只要 2~5 美元，你就能买到一个小的滑动门，它能隐藏或覆盖你笔记本电脑的网络摄像头。如果你需要中途离开，它能让你感到放心。
- **可靠的高速互联网服务**。确保你在任何房间都有强大的信号，考虑买一个网络扩展器以保证获得稳定的信号覆盖。
- **一个可以跟笔记本电脑同步的手机**。你需要将你在笔记本电脑上使用的应用和服务完全同步到你的手机上，这样，如果互联网信号中断，可以使用手机作为紧急备份连接。
- **一个可靠的备份计划**。在最理想的情况下，你能够将几乎所有的数据保存在云端，并将应用程序、设置和任何高度敏感的数据备份到本地硬盘。你不妨问自己这样一个问题：如果你的电脑坏了，你需要在多少工作日内才能将所有的工作都恢复到现在的状态？如果你的答案不确定，则表示你需要一个更好的备份计划。

时间管理程序

时间管理程序由每天反复查看的两个应用程序（待办事项清单和日程表），以及你每周查看的一个应用程序（时间跟踪器）组成。这些应用程序之间的关系，就像账单、银行账户和银行记录之间的关系。待办事项清单像账单，日程表就是账户（时间），而时间跟踪器就像是银行记录：它告诉你，时间实际去了哪里，让你知道你花的时间是否在预算之内。

虽然你可以将待办事项清单保存在数字笔记本的某一部分，但大多数保存电子待办事项清单的人更喜欢专用的任务管理应用程序。（是的，当然如果你喜欢，用纸笔记下来也很好。）你可以使用微软 Outlook 中内置的任务管理器，或者苹果电脑和手机都附带的提醒程序。然而，如果这些你觉得都不好用或者很难坚持，不妨尝试被设计得更为可视化、提供更多分类选项的任务管理应用程序，或将任务管理变成一个游戏。

一个与公司的日程安排系统兼容的日程表能让你和同事看到彼此的空当时间，因此你们可以不需要一系列电子邮件来预订会议：这就是为什么即使你喜欢用纸笔记录待办事项，你也必须保留数字形式的日程表。当你在日程表中添加会议或约会时，使用邀请功能邀请其他人参与编辑，即使当你和同事只是约在咖啡馆见面。

日程表编辑邀请是避免交流不畅和不停打电话的最佳方法（谁打电话给谁？你们将使用哪个视频会议链接？等等），还能确保不同时区的同事不会弄错开会时间。在笔记字段中加入你的手机号码，以便其他与会者知道在链接出现障碍时如何联系你。

深度使用技术工具——日程表应用程序的五大功能

除了显示日期和时间，你还能从日程表应用程序中获得更多功能。日程表应用程序需要具备以下五大特点，或者通过可选的插件或附加组件将它们添加到你现有的日程表应用程序中，以扩展大多数日程表程序的功能。

（1）视频会议集成。为每个虚拟会议手动设置会议链接或电话号码是一件很痛苦的事，所以你的日程表程序应该可以让你在创建会议邀请时设置这些详细信息。谷歌日历能够自动让你选择在创建任何待办事项时决定是否添加谷歌会议视频。你也可以将其他视频会议链接添加到类似苹果手机的日历应用程序或者微软的Outlook这样的绝大部分日历应用程序中，要么是自带功能要么就是需要一个插件。

（2）空当时间查看。设置内部会议时，你可以查看同事的日程表找一个每个人都有空的时间。当你预订一个包括你们公司之外的人参加的会议时，你看不到他们的日程表，你就需要安排一个空当时间调查，询问他们有空的日期和时间。你可以使用像Doodle、FindTime（Outlook自带）这样的插件，或像Woven这样内置有这样调查功能的日历应用程序。

（3）预约时段。通过设置可预约的时段以便人们能将自己的日程安排添加到你的日历中来，以减少相关电子邮件往来的数量。把你的可预定日程表的链接放到你的签名档或在线档案中，或者当你想邀请人们预订会议时直接发送给他们。这是谷歌日历（"预约时段"功能）和Woven（"日程安排链接"）中的一个本地功能,或者你也可以使用像Calendly这样的服务,它能够集成大多数主要的日程表服务功能。

(4)个人专用笔记字段。大多数日历应用程序都会向被邀请参加同一会议的其他人分享你的笔记。一个私人笔记字段允许你记录每次会议的目标。(有关如何将此功能作为双栏日程计划表的一部分,请参见第7章。)

(5)每日议程回顾。在一个简明的列表中显示你所有的约会安排,这样你才能方便地浏览或打印或复制,然后将每次会议的目标作为列表的注释。

还建议使用时间跟踪器:当你像一个远程企业运作时,你的时间是你必须花费的货币,所以你需要知道它的去向。一个好的时间跟踪器不仅可以反映你的工作和生活安排,还简化了为你的工作填写时间表或发票的工作。虽然你可以手动记录时间,但使用自动跟踪工具来追踪你在电脑(手机)上执行操作的时间要更高效。对苹果电脑的用户来说,最好的选择是Timing应用程序;对Windows的用户来说,则可以查看如RescueTime或者ManicTime这样的应用程序。

提高工作效率的应用程序

应用程序一般分为两大类:可以自己选择的和为了与人协作使用的。如果涉及文档共同编辑、文件共享、团队消息传递和项目管理工具,你应该使用与IT部门、团队或客户一样的应用程序:这些应用程序的唯一目的就是让人们能更轻松地一起工作。如果你是团队项目运营或为团队选择技术工具的人员,那么你还可以查看如何构建一个完全满足你们需要的自定义远程工作组件。(请参阅"构建远程工作组件")

深度使用技术工具——构建你自己的远程工作组件

新一代的生产力工具使远程工作者(当然还有办公室工作人员)能够根据工作构建自己所需的特定工具。如果你喜欢技术,或者因为现成解决方案的局限性而非常恼火,你可能会喜欢设计自己的生产力解决方案——完全不需要编码!这方面主要可以选择 Coda、Airtable、Notion,以及可能的谷歌表格(我们写作本书时推出的测试版)。

你可以使用这些平台构建你自己的日历和任务管理系统,以创建专门的 Web 应用程序,或者为整个团队创建项目管理工具。艾莉克斯用 Coda 完成了她大约一半的工作。例如,创建:

- 为自由撰稿人设计的定制跟踪组件。艾莉克斯用 Coda 记录她所有的写作灵感,对能够作为初稿的素材进行标记,草拟初稿,然后把它们全部发送给 Gmail(能神奇并且准确地发给对应的编辑)。一旦她标记了一篇应约撰写的文章的素材,截止日期就会被添加到她的截止日期日历中。

- 每个单独项目的技术组件。在她的典型设置中,一个表格包含所有的任务和时间线,而另一个部分(其功能类似于一个文件夹)包含所有的笔记。其他部分则可能保存工作笔记和文件或相关的网络链接页面,这些都以预览形式显示。对需要数据才能启动的项目,另附的数据表包含艾莉克斯正在处理的实际数据,以及完成工作所需要的不同"视图"。

- 针对每个团队项目协作的技术组件。在任何客户或团队项目中，艾莉克斯都会在适当的位置上用 Coda 跟踪任务、共享笔记、统计数据和交换草稿。（我们在撰写本书的过程中就使用了 Coda 组件。）
- 一个主力技术工具组件。此组件使用 Coda 的"交叉文档"（Cross-doc）功能来融合艾莉克斯在所有项目中的所有任务。

除了这些协作组件之外，还有三种不是每个人都会用到的应用程序，但它们可以提升你的工作效率。这是你能够、应该为自己选择的三种工具，而且你也真正能用到它们：

- **数字笔记本**。你可以将所有的数字笔记保存在一个专用的应用程序中，而不是分散在不同的 Word 文档、文本文档和便利贴中，这将极大地提高你的生产力。印象笔记 Evernote 和 OneNote 是两大主要选择，当然还有许多其他的选择（包括 Notion、Google Keep 和 Bear）。选择其中一个能与你的手机同步，能提供网页收藏功能（即将网页保存到你的笔记本中），并包括良好的文字识别（OCR）功能的数字笔记本，以便你可以拍摄标志、文档甚至手写笔记的照片，并使其可进行文本搜索，就像你自己在应用程序中输入的任何笔记一样。

- **你喜欢的电子邮箱客户端**。一个适合你的特殊需要的电子邮箱客户端可以让你更容易掌握收到的邮件和寻找旧邮件。在服务器上托管电子邮件的系统无权决定你用什么软件在电脑或电话上访问你的电子邮件，你可以选择具有你喜欢的界面的电子邮箱客户端，或有工作流的电子邮箱客户端，这样可以防止你的电子邮件在浏览器窗口中丢失。雷鸟邮件（Thunderbird）、Mailbird、Mailplane 和 Spark 等专门的电子邮箱客户端吸引的粉丝量远超系统自带的电子邮箱客户端。

- **密码管理器**。每位安全专家都会建议你使用专用的密码库，以便对你注册的每个网页服务或网站使用唯一、复杂的密码。1Password 和 Dashlane 是最受欢迎的两个密码管理器。

> **深度使用技术工具——扩充应用程序库**
>
> 除了每个人都需要的应用程序之外，还有许多可能对远程工作者有用的应用程序。这里只是作为例子列举了一些能让你的工作变得更轻松的工具，关键是你要知道如何为自己的工作寻找合适的应用程序：
> - 为长文写作设计的写作应用程序（如 Scrivener）。
> - 专为头脑风暴或实现想法设计的思维导图应用程序（如 MindNode 或 Mindmeister）。
> - 图像处理应用程序（如 Photoshop、可画 Canva 或 Pixelmator）。
> - 软件集成应用程序（如 Zapier；或者 If This Then That，IFTTT）。软件集成平台可以在节省时间的自动化流程中将其他应用程序连接在一起。了解这些工具如何提高你的工作效率的最好方法是访问 Zapier 或 IFTTT 的官网，并查阅网站上列出的其他人如何使用这种工具的清单。
> - 截屏和注释应用程序（如 Skitch 或 Greenshot）。快速截屏，并在空白处附上注释，通常是与同事分享想法或图片的最简单的方法。

即使你的应用程序库已经很完整了，但也要每月更新一下其中的一部分——也许不是选择新应用程序，而是学习如何使用现有平台的未开发功能，或者微调设置使其能更有效。

通过养成定期升级应用程序或技能的习惯，你将不断提高使用在线应用程序库的效率，这对提高你作为一个远程工作者的工作效率至关重要。更重要的是，你将不断提高自己学习新技术的能力。你越有能力采用新应用程序，并将其集成到工具包中，你作为一个远程企业就越容易成长和发展。

> **来自远程工作者们的分享**
> 迈克尔·摩根斯坦（Michael Morgenstern）是一家投资技术初创公司的合伙人，他能利用技术高效工作——无论是在办公室、在家里，还是在巴厘岛的海滩上。

我职业生涯的大部分时间都是在办公室里度过，有些办公室很豪华，有些办公室超级豪华，有些办公室就像仓库一样。2019年，我买了一张去菲律宾的单程机票离开纽约。我和女朋友扔掉我们所有的东西，把旅行和工作结合在了一起，就好像是数字游牧民族，游遍了整个东南亚。我们在巴厘岛待了两个月，我每天都在不同的咖啡馆里办公。

就是那时我创办了 Morning Capital 投资公司，我还在巴厘岛时就已经有了最初的几个客户。我们创建了一个可以匹配投资者和公司的数据平台，风险投资公司可以付费订阅这个平台。但由于不能跟投资者见面，想要向他们进行兜售真的很困难。

回到美国后，我们搬到了奥斯汀，因为这里生活成本不高，我能买一套有两间卧室的公寓，第二个卧室就能变成一间办公室。但是这些钱不够我在曼哈顿买一间37.16平方米的小公寓。

但适应在家办公挺难的。床旁边就是办公桌，与在市中心一栋高级大厦的32层办公非常不同，况且在那里还可以吃免费午餐。而且开视频会议时还会出现很多小状况。

我在洛杉矶和纽约有两个合伙人，我们的日程表上每周至少有三次要通两个小时的视频电话。我对此很期待，因为这是我们分享观点的一种方式。我们经常使用虚拟的白板应用程序 Miro 来达成共识或画出我们的想法。我喜欢实时协作——它几乎比使用真正的白板更好，因为我写的字很难看。

我使用过很多不同的技术工具。我刚刚把笔记应用软件从印象笔记换成了 Notion，我使用 Excel 进行业务分析，使用领英的 Sales Navigator 来寻找潜在客户。我曾经有一次因为用 Venmo 引起了一个客户的兴趣，Venmo 是为面对面支付而设计的。我找到了这个客户的 Venmo 身份证，并给他发了一条信息："我用 2 美分（译者注：截至 2020 年 8 月 26，1 美分约等于 0.070 313 元，2 美分约为 0.14 元）换跟你们做生意的机会"，并转了 2 美分到他们的账户。

我还使用 Lunchclub，它可以自动匹配你进行一对一的视频会议，这样你就可以拓展新的客户；我每周在午餐时间使用两次 Lunchclub。为了让自己更有责任心，我还用 Focusmate。在这个网站登录后，它帮你匹配一个人，然后你们用视频电话进行交流。在通话开始时，你会告诉对方接下来的 1 小时你要做什么——例如，我可能会说我会在下一个小时打电话给一定数量的人，在通话结束时，告诉彼此你们完成了什么工作，然后结束通话。让对方全程看着，能够逼着我完成需要做的工作。

从长远来看，我希望我和合伙人能够面对面一起开会和合作，尽管我不知道到时候是需要一直在办公室里待着还是在家里做全职工作。但在风险投资和私募股权的圈子里，你需要一个会议室，你需要面对面告诉对方你的想法。我觉得投资者不太可能全部通过 Zoom 见面并达成交易。

> **要点总结**
>
> （1）一定要有，或者为自己投资一台性能优越的笔记本电脑、一部能让你随时同步工作内容的手机、高速互联网接入和万无一失的备份措施。千万不要因为断网或者数据丢失而带来不可挽回的损失。
>
> （2）将数字日历、待办事项清单和时间跟踪器应用程序结合在一起，据此完成你的每天回顾和每周回顾。
>
> （3）使用整个团队所使用的协作工具，并充分利用这些工具，不要试图特立独行。
>
> （4）对自己单独使用的应用程序，选择最适合自己的，以此来最大化工作效率，如数字笔记本、电子邮件客户端和密码管理器。
>
> （5）对重复的任务或工作类型，当你认为自己使用的应用程序不对时，就去扩充你的应用程序库。你几乎总能找到一款最适合这项工作的工具。

第9章
布置办公空间

没有什么比在家办公更能让你欣赏到办公室这个现代奇迹了。从上班第一天把你介绍进办公室的人力资源部门,到帮你清空垃圾桶的清洁人员,传统的工作场所解决了你的工作中的众多后勤问题。当你切换到远程工作模式时,即使不是每天都在家办公,你也需要考虑好一切——从在哪里工作到办公时要穿什么衣服。

将自己视作一个远程企业意味着你现在必须承担这些所有的运营成本,但这也意味着你可以挑选能发挥你最大潜能的办公空间、基础设施和工作环境。因此,像一个优秀的首席执行官思考如何创造一种特定的工作环境一样,你要思考如何布置你的在家办公空间,甚至是你的着装规范,作为对工作效率的一种投资。要将金钱(或时间)花在那些能让你更有效的改变上,而不要把它们浪费在那些不会提高你工作效率的事情上。

在本章中,我们将了解决定你的办公空间质量的三个基本部分:办公区域,办公区域内的设备,办公时的着装。

设计办公区域

就像有的人喜欢开放的办公室,而有的人喜欢可以关门的办公室一样,并不是每个人都喜欢同样的家庭工作布局。你可以考虑以下两种基本思路来设计办公区域：

（1）**有一个统领一切的工作区**。如果你周围的环境会影响你的工作效率，你需要隐私或安静，而且最重要的是需要有一个你每天可以使用一整天的私人工作区，那你肯定希望家里有一个特定的房间作为你的办公区域，并在那里完成你的所有工作。鲍勃就喜欢这样的工作方式。

（2）**不同的任务有不同的工作区**。如果你希望一天中能够换一换场景，喜欢不同的任务在不同的环境完成，或者不得不与室友或配偶分享家里一个能关上门的工作区，那你可以在一天中或者一周中去不同的区域（甚至离开家到外面去）。这是艾莉克斯喜欢的工作方式。

▶ 设置专属的工作区

如果你的家里有一个可以专门用于工作的空间，那么可以花些时间优化它的布置，并在每次你的工作内容发生实质性改变时重新审视这个空间。（例如，如果你的新工作让你每天需要打的电话变多或者变少了。）

作为一个远程企业，你可以为工作区的"专业性"制定自己的规则，所以不要觉得你必须把传统办公室的那一套桌面布置风格原封不动地搬到家里：如果你坐在一张巨大的安乐椅上，盯着一面挂满几十张照片和艺术版画的墙时效率最高，那就这么做吧！

然而，对大多数人来说，一个更安静、视觉上不那么混乱的环境可能更能促进工作效率的提升。2019年一项关于工作场所的研究发现，"混乱和无序"的工作区会导致更大的工作压力和情绪疲惫。[1]理想的工作区应是将工具和纸张存放好，使它们不会引起视觉干扰；同时要考虑

---

[1] Trina N. Dao and Joseph R. Ferrari, "The Negative Side of Office Clutter: Impact on Work-Related Well-Being and Job Satisfaction", *North American Journal of Psychology* 22, no.3（May 2020），397–419, https://www.researchgate.net/profile/Joseph_Ferrari3/publication/341322270_The_Negative_Side_of_Office_Clutter_Impact_on_Work-Related_Well-Being_and_Job_Satisfaction/links/5ebaab36458515626ca18df0/.

在打电话或者完成工作任务的过程中,当你的注意力游离时,你的视线会落在哪里。想要视线所落之处能让你保持专注和精力充沛,那就在一个书架上摆满了能反映你最重要的专业影响的书籍,代表你目标的艺术作品,或者代表你最大成就的奖项。

▶ 共享工作区

如果你计划在一个有其他用途的空间工作,如餐厅或白天用作办公室的卧室,那么试着为你的工作划分一个明确的区域,并购买能让你很容易开始或者放下工作的家具或文件存放设施。以下是一些还不错的选择:

- 一张放在卧室角落的秘书桌。完成一天的工作后折叠桌子,你的工作区就被隐藏起来了。
- 一个能将餐桌转换成你办公桌的大托盘。一天的工作结束后,将托盘(连同你所有的文件)放进食品储藏室。
- 装有钢笔、订书机、胶带和其他重要工具的工具箱。如果你的工作区总是不停变换,可以随时带着这个箱子。
- 在你工作的卧室里有一个指定的架子或柜子。将打印机、纸和工具放在这个柜子里,这样工作结束后它们就隐藏了。如果你白天的工作区是别人晚上的卧室,这个办法会特别有用。

当然,买一套可爱的储物箱或一张漂亮的折叠桌并不能保证你的工作区会在每天晚上或早上神奇地被清理干净。而做一个早上和晚上都适用的过渡计划,能让你时刻保持愉快的心情:也许你十几岁的孩子需要 10 分钟才能清理完她的桌子,或者你也可以在一天工作结束、收拾东西的时候多花 5 分钟时间听听自己最喜欢的奏鸣曲。

▶ 开辟一个可轮流使用的工作区

如果你需要来回使用不同的工作区,不要只是从一个地方换到另一个地方:计划好你要在哪里(以及什么时候)做什么。我们来看看如何解决这个问题:

(1)**列出所有你可以使用的潜在工作区**。例如,卧室、客厅、儿童房、附近的咖啡馆、露台、车里(这也是一个电话亭!)或者凉亭。不是每个工作区都必须有一张大桌子或者小桌子:艾莉克斯在沙发上、她最喜欢的安乐椅上,甚至在床上也能工作。

(2)**列出你在典型的工作周中执行的不同任务类型**。例如,视频会议、电话会议、文档写作、制作幻灯片,阅读和发送电子邮件,以及编辑时间表。

(3)**按空间需求对每个任务类型进行分类**。例如,"需要安静/私密性""专注但无须静音""需要动力""需要大工作台""灵活"。根据你的个性和喜好布置和选择办公空间,有的人也许在一定的外界噪声下反而可以工作得更好。一项针对内外向性格者的研究发现,内向的人在沉默时表现得更好,而外向的人在听到音乐刺激时表现得更好。①

(4)**确定哪些潜在的工作区适合你的哪种任务类型**。例如,艾莉克斯会在卧室里进行视频会议,在咖啡馆或家前面的露台上写东西,跟孩子们在客厅沙发上玩时收发电子邮件或整理发票。

(5)**如果需要,制定一个时间表**。如果你家缺少能完成安静或需要私密性的任务(如视频会议或专心专意地写作)的空

---

①Henna Mistry, "Music While You Work: The Effects of Background Music on Test Performance amongst Extroverts and Introverts", *Journal of Applied Psychology and Social Sciences* 1, no. 1(2015), 1–14, https://ojs.cumbria.ac.uk/index.php/apass/article/view/209/320.

间，试着制定一个时间表，预计下次什么时候你将获得所需要的空间。例如，也许你能在早上完成所有跟客户有关的工作，这样你的伴侣就能够在下午使用这个共享办公区打工作电话。如果你无法制定一个能固定的时间表，那么可以和你的伴侣或室友每周甚至每天晚上找一个固定的时间，然后你们一起讨论接下来一周或一天内的安排，并计划谁将在哪个时间段使用哪个空间。

请注意，如果你们共享一个工作区或在不同的工作区之间转换，你们的安排不可能永远不变。当季节变化时，或者当家庭成员改变工作、职位、个性时，要重新评估你们的空间、时间表和计划。例如，你可能会很愿意将凉亭作为个人办公区，直到冬天，开始下雪；或者你一直把12岁孩子的卧室作为办公区，但现在她13岁了，需要将自己的卧室作为不被打扰的私人空间。

充分利用共同工作区

因为新冠疫情而第一次体验远程工作的专业人士错过了对远程工作者最有用的支持之一：共同工作区。共同工作区就像家庭办公区外的另一个家，下面我们来看看如何充分利用这个家。

- **考虑不同类型的共同工作区。** 你可以在一个专门为协同工作准备的共享办公区购买会员资格或签到特权，或者租用一个共享办公大楼的办公区。但你也可以将咖啡馆、餐馆、酒吧、图书馆，甚至朋友的家作为共同工作区，如果你和另一个远程工作者在一起，而你们都在工作，那里就是一个共同工作区！

- **知道你要寻找的是什么。** 如果你想逃离吵闹的家或换一个地方工作，寻找一个提供私密性或要求保持完全肃静的空间。如果你需要网络服务，请寻找适合你所在行业人士的共同工作场所，你们可以举办联谊活动和/或有专门的"互联网访问"区域，如办公室厨房。
- **为你的共同工作成本精打细算。** 共享工作区的会员资格和签到费用共是多少？如果你一次只待几个小时，交一天的钱可能不划算。
- **成为常客。** 如果你找到了一个能为你的工作提供有利环境的咖啡馆、酒吧或餐厅，试着成为那里的常客。定期光顾可以让你与那里的业主、员工或其他顾客建立良好的关系，给你作为一个远程工作者可能会体验不到的融洽氛围。
- **给小费尽量大方。** 如果你在咖啡馆里要待上好几个小时，一边喝咖啡，一边工作，那么给小费时一定要大方。在从午餐到晚餐之间那段安静的时间里，如果你去到这些餐厅或者咖啡馆里，你会得到热情的招待。如果你是午餐时去那里，那么请礼貌地询问吃完后能不能再待上一段时间，并且每次一定记得给30%的小费。
- **安静地共同工作。** 记住，你最喜欢的咖啡馆或共同工作场所可能也是别人最喜欢的地方。如果你要打一个超过两分钟的电话，那就走到外面去，这样你就不会让房间里的其他人被你说话的声音干扰。

办公区域内的设备

无论你是坐着不动还是从一个房间换到另一个房间，你的工作区里都最好有一些能满足基本需求的设备：

（1）**符合人体工程学的要求**。如果你坐在一个地方不动，你的椅子的高度应该符合人体工程学的要求，即你身高的1/4。且要确保你在书桌或立式办公桌、其他椅子（如跪座椅或沙发）之间来回切换也很舒服。别忘了你的脚，如果你习惯了在办公室时穿着运动鞋或矫形鞋，那么在家一整天只穿着袜子或光着脚走来走去其实对你的膝盖或背部并不好。

（2）**视觉环境**。当然，你可以为你的视频会议设一个美丽的风景图片作为背景，但你生活的房子也许是一片混乱。因此，至少找一个地方让你在开视频会议的时候有比较正式的背景，把你工作的地方收拾好，使你不至于被杂乱的场景分心。

（3）**隔声**。在一个越来越多的人在家工作的世界里，如果你的同事偶尔听到狗叫或者搅拌机的噪声可能没什么大影响。但如果你能选一个安静的房间打电话，这会让你看起来更体贴。想要了解平时你开视频会议和电话会议时制造了多少噪声，让其他人在你平时开会的地方打电话或开视频，然后你自己到隔壁房间去听有多少声音就知道了。

（4）**文件存放**。即使你的工作不是机密的，你也不希望文件被家人乱放、弄丢或用作其他用途。一个简单的杂志收纳盒、压缩文件袋、能上锁的盒子或者文件柜，都可以有序存放你的文件。

（5）**灯光**。充足的光线能让你看起来更睿智和专业。为了避免看起来像是一个在试图逃避摄像头的告密者，你需要一个面对你的光源（或者至少没有偏斜45°以上）。

（6）**电源**。没有什么比在会议中发现你的笔记本电脑或手机电量即将耗尽,而你不得不慌里慌张地寻找电源更糟糕的事了。为了避免出现这种可怕的情况,在你经常工作的每个地方放一个带 USB 插口的电插座,然后备上两三个笔记本电源,这样你就不必把电源从一个房间带到另一个房间。

(7)**阻隔干扰**。如果你经常被孩子、宠物或室友打扰,那就给自己建一条"护城河"来最小化或消除潜在的干扰。好好利用房门(尤其是带锁的房门),或者挂一个标志,表示你何时能或不能被打扰。

远程工作者必备物品

如果你是在咖啡馆或共同工作场所进行远程办公,以下是你应该放在背包或公文包里的必备物品。

- 带有很长电源线的电源适配器,以防你不能坐在插座附近的位置。
- 一袋电源适配器/电源线,可以随时为你的手机充电。
- 一个手机备用电池。
- 一个 U 盘:最好是 USB/USB-C 双版本。
- 手机和/或电脑使用的有线耳机,以防无线耳机电量耗尽。
- 午餐后使用的牙签。
- 脚凉的时候多穿一双袜子。
- 高蛋白零食(一包杏仁或能量棒)。
- 一个电源插座,如果只剩最后一个插口了,可以说服其他客户跟你共享电源插座。
- 止痛药。
- 洗手液和一个口罩。

办公时的着装

就像改变了我们的工作地点和使用的技术一样,远程工作也改变了我们的穿着。你应该考虑你的衣服如何影响了你的身体(让你很容易出去锻炼,或者消除办公室穿着正装带来的轻微不适)、你的精神(调整自己的心态,让自己处于工作日状态)和你的事业(别人如何看待你)。除非你是一个只有穿着正装才感觉最帅、最舒服的人,否则你可能会有一些权衡:让你感觉最良好的衣服可能不是那些让你看起来很专业的衣服,他们可能对你在屏幕上(或者面对面时)没有太大帮助。

出于这个原因,你可能需要把工作日的着装分成三个部分(或许把它们放在不同的衣橱或者抽屉中):

(1)远程工作时的着装。简单的衣服,能让你轻松地走来走去。一些基本的样式、颜色和质地,如有松紧带的软和的长裤、打底裤和束腰外衣。

(2)参加视频会议或去咖啡馆的着装。几套比较优雅的套装或者配饰,几件款式简单的夹克或配件能让你的远程工作"制服"看起来相当专业。

(3)在参加会议、演讲和办公室内的着装。西装、长裙,或(在更轻松的场合)精致的衬衫、毛衫、外套和长裤。如果你因为穿了一件很棒的外套(或者因此而获得夸赞)而兴高采烈,下次去你喜欢的咖啡馆工作时不要忘了也穿上这件衣服,它能让你光彩照人并提高你的工作效率。

来自远程工作者们的分享

霍利斯·罗宾斯(Hollis Robbins)是索诺玛州立大学人文学院院长,她不仅创建了自己的家庭办公室,也确保了老师们有在家授课的空间和设备。

我一直很关心新冠疫情，因为我在中国有朋友。当我觉得它有可能传到加州时，我开始呼吁迅速将一切转移到互联网上，这样老师们就可以利用春假来调整他们的课程。我的系主任们迎接了这个挑战：我们一起解决问题，一起建立了一个相对自由的行政管理系统，我只需明确告知他们的要求就可以了。

如果老师们需要什么，他们会找系主任，系主任则来找我，看看我能不能解决，如笔记本电脑升级、网上检索书籍和文件的权限等。我会看看谁需要支持，谁需要 Wi-Fi 的帮助，谁需要更好的笔记本电脑，谁因为家里有小孩子而需要进入校园教课，谁需要请假，谁需要更换室友，谁需要搬到州外和年迈的父母住在一起。

我花了大量时间来确保我们的老师们拥有能保证教学质量所需的在家办公能力。我每周跟尽可能多的老师们见面，我了解谁在和家人共享工作区，谁在地下室或洗衣房中办公，谁家养了狗，谁又每次设置了虚拟背景，导致我不知道他们的家庭办公室的情况。我们一致认为，最重要的原则是无须为我们无法控制的东西（孩子们在房间跑来跑去）道歉，而是将注意力放在我们能控制的东西上。所以我们总是互相支持，这是最重要的事情！

我自己的家庭办公区并不是最理想的。我有一台跑步机，但你不能在跑步时上 Zoom 开会，因为你的运动会分散别人的注意力。因此，在一个书架附近、光线很好的脚落，我在那里参加 Zoom 视频会议，但在那儿坐着不是很舒服。有时我在厨房岛台上工作，客厅就在我后面，但我还是得拿着笔记本和日历上下楼。

我们现在已经能将全部注意力放在手头最重要的任务上，那就是进行远程教学。唯一的例外是戏剧系，他们还很难接受新的场景。有一位老师一直问我们是否可以为他的秋季课堂破例，让他进行面对面教学，因为"演员真的必须有互动"。关于气溶胶传播和大声说话可能会导致传染的科学知识也不能让他明白，在所有可能需要面授的课程里（包括化学实验课、护理实践课），表演课是排在最后的。当前他最应该做的并不是反对远程教学，而是应该引导他的学生接受通过 Zoom 视频会议面对镜头进行表演的挑战。

我们的重点是提前做好计划和顺应现实。我们与系主任们达成共识，不在系主任会议上执行多任务，认真对待 Zoom 视频会议，直面我们自己的心理健康，寻求帮助，彼此温暖，互相信任。我们的总统总是哀叹我们没有"团结在一起"。但如果我们认清了现实并努力适应，我们实际上就是团结在一起的。

要点总结

（1）设置工作区，以集中你的注意力。这意味着要考虑你的视觉环境、隔声和防干扰能力，当然还有人体工程学等基础知识。

（2）如果你有一个自己专属的办公区，花点时间让这个地方变得更有吸引力，有一个很舒服的地方可以坐下来，有充足的光线和你喜欢的艺术品。

（3）如果你在一个同时充当不同用途的空间里工作，那么可以用一个容器将文件安置好，让每一天的开始和结束都轻松愉快，即使需要变换工作地点也不会让你感到不高兴。

（4）如果你每天或每周都要变换好几个工作地点，那么可以通过考虑你的工作环境与你的任务类型来将它们进行匹配。

（5）注重自己在远程工作中的着装，从而体现你的职业形象，以及你的身体和心理健康。可以考虑将它们细分成"在家""视频会议""办公室"三大类型。

第四部分
远程工作者必备基本技能

绝大多数的职业活动都由三个部分组成：开展会议、阅读报表和文件，以及书面写作。如果一个音乐剧演员同时擅长唱歌、跳舞和表演，会被戏称为对别的演员的"三重威胁"。如果你在你的这三个核心工作中表现出色，你的职业生涯也会成为别人的三重威胁。

是的，这三种技能都是你可以习得和掌握的。如果你擅长在线上会议中掌控全局并充分利用这些会议，你将有更牢固的关系网，能更好地获取信息，有更多时间完成其他工作。作为一名远程工作者，阅读报表和文件及书面写作是你与经理、客户和同事沟通的基本技能。如果你的阅读效率一直很高，这对你这个远程企业来说将是一个显著的优势；你能随时了解你所在的企业和领域，并拓展自己的知识和专业技能。同样地，如果你的文字表达清晰又有力量，你的业务能力也会大大增强；你在公司内外会更有说服力和影响力 。

本部分有三章，每章开头都聚焦一个专业技能，以及能适用任何场合的可操作的方法（当然还是以远程办公背景为主）。接着，我们会继续介绍在家工作时可能出现的特殊挑战和要求。

然后，关于如何减轻因参加各种 Zoom 视频会议造成的疲劳问题，我们将帮助你调整自己的策略，创造一种能利用在家工作的节奏的阅读方法，以及能利用与远程同事在线协作的便利的写作技巧，从而更好地应对挑战。

第 10 章

充分利用各种会议

作为一名远程工作者,线上会议既能让你兴高采烈,也能让你抓狂崩溃。最好的情况下,它们能帮助你与同事和客户保持联系,完成你的工作,赶走一个人在家办公的孤寂。最坏的情况下,它们会耗尽你的精力,让你一整天根本没有时间完成更重要的工作。因此,我们应该有效地利用线上会议的时间,因为它们对你的工作效率和速度有莫大的影响。

新冠肺炎的蔓延将在线会议从我们生活中微不足道的一小部分变成了大多数的工作日常。一夜之间,类似于"Zoom 会议疲劳"这样的新术语就冒出来了,它指的是每天数不尽的视频会议造成的独特疲惫感。一些公司引入了新政策和工具,以期减少在线会议数量。然而,在很多情况下,其实是由每个员工自己决定是否要从视频会议的牢笼中将自己解放出来。

虽然大多数视频会议可能是转向远程工作后的产物,但会议长期以来一直是影响个人工作效率的最大因素之一。高管们一天中平均要花超过 70% 的时间参加会议。[①] 然而,很少有企业限制会议的数量和长度。当我们把工作任务带回家时,也面临着要参加太多会议这个问题。除非一个企业特别关注其会议文化,并就会议的频率和流程制定主要原则,否则只能由经理和员工们自己来解决这个问题。

但我们还是有理由充满希望的。正是因为远程工作给设置会议带来

[①] Leslie A. Perlow, Constance Noonan Hadley and Eunice Eun, "Stop the Meeting Madness", *Harvard Business Review*, July–August 2017, https://hbr.org/2017/07/stop-the-meeting-madness.

了一些挑战，它可以激励我们在利用 Zoom、Microsoft Teams 或谷歌会议时如何更注重细节和更有效。我们要做的不是简单地把人们邀请进一个空空的线上会议室，而是必须赢得与会者的参与和注意力。通常，要达到这个目的的方法是召开一个更短、更集中的会议，或者根本就不开会。

本章将向你介绍作为一个远程企业如何有效利用线上会议。我们的例子主要集中在小组视频会议上，因为这些会议已经替代了团队的面对面会议。但其中许多策略也同样适用于其他类型的虚拟会议。例如，团队其他人在面对面开会，而你是唯一一个因异地办公或在家办公的人；还有每个人只能说话、不露脸的电话小组会议；甚至一些通过电话或视频举行的一对一会议。

为了确保不浪费你花在这些虚拟会议上的所有时间，我们将首先回顾你在会议之前、之中和之后需要做的事情。接下来，我们将了解在线会议遇到的具体挑战和"Zoom 会议疲劳"现象。最后，我们将分享让线上会议更加高效的秘诀，使它们能够支持你的目标和优先解决事项。

会议的三个阶段

一个有效的线上会议就像西餐的 3 个组成部分，包括开胃菜、主菜和甜点。实际的会议可能是主菜，而你的会前准备工作则像是开胃菜，为接下来的会议打下坚实的基础。会议的结束就像是餐后甜点，为你的参与者们留下一种甜蜜的感觉，即他们的时间得到了充分利用，结果也很清晰明了。

要想做到这一点，"餐桌"上的每个人都必须一起努力。会议领导的职责是确保有一个明确的议程或计划，让所有团队成员都能参与其中，保持会议进程的顺利和突出重点，并确保大家能畅所欲言。每个与会者的职责都是恭敬地、认真地倾听，并为会议做出自己的贡献，而不是让会议变成一言堂。但是，在举行线上会议时，实现这些目标并不容易，所以你需要考虑这个过程中的三个阶段：会议之前、会议之中和会议之后。

▶ 线上会议之前

每次会议都需要会议领导和与会者的精心准备。会前的筹划将使会议重点更加突出，也更有意义。

当你主持会议时

- 每个会议，无论多么非正式，都需要一个议程，总结要讨论的内容；这个议程应该与会议邀请一起分发。如果你希望与会者在议程中添加项目，请以可编辑的谷歌文档的形式予以分发。对定期会议，如每周的团队会议或每两周的项目进程汇报会议，创建一个常设议程，你可以将其作为每周会议的基础，并根据需要添加其他项目。如果有可能，将会议保持在 1 小时以内。因为研究人员发现，与会者的注意力在 1 小时后会急剧下降。[1]

- 只邀请那些真正需要参加的人，这样你就可以缩小会议规模。[2] 当与会者超过 10 人时，你们很难就重大问题达成决定或共识。在这种情况下，与会者会觉得自己对会议是否成功没有什么责任，只会依靠其他人来领导、讨论并做出小组决策。

---

[1] A. H. Johnstone and F. Percival, "Attention Breaks in Lectures", *Education in Chemistry* 13, no. 2（March 1976）: 49–50.
[2] Marcia Blenko, Michael C. Mankins and Paul Rogers, *Decide & Deliver: Five Stepsto Breakthrough Performance in Your Organization*（Boston: Bain & Company, 2010）; J. Richard Hackman and Neil Vidmar, "Effects of Size and Task Type on Group Performance and Member Reactions", *Sociometry* 33, no.1（March 1970）, 37–54, https://doi.org/10.2307/2786271.

- 如果要与企业中的其他人预定内部会议，请在设置会议时间和发送邀请之前查看每个人的日程安排。如果你正在组织与企业之外的人员的会议，或者无法访问其日程安排，请使用 Doodle 等日历"调查"应用程序或 Outlook 中内置的日程安排应用程序，找到适合尽可能多的人的时间。

- 为使会议更有效率，与会者应在会议前 24 小时收到材料。可通过谷歌文档或其他便于在会议前和会议期间进行协作注释的工具来共享材料。

- 日历邀请中要始终包含在线会议链接和电话号码（作为备份）。将会议议程插入你的邀请的笔记字段或单独发一封关于会议议程的电子邮件。

当你参加会议时

- 如果你受邀参加会议，你不仅要接受邀请，还要查看议程，以便你能够确定这个会议不会浪费你的时间。你不仅应该考虑这次会议是否与你的目标一致，还应该考虑参加的机会成本：为了给这次会议腾出时间你需要搁置哪些任务（或调整个人时间）？

- 婉拒同事的会议邀请需要策略。尽管你很想帮助你的同事完成这个跨部门的项目，但因为你的客户的最后期限或经理指示需要完成的一个特殊任务使你无法参加这次会议。只要确保你的借口不是他可以通过改变会议时间来解决的就可以。

- 接受会议邀请时，考虑需要为会议做什么准备。如果你需要查看背景资料或收集一些信息以在会议中共享，请将任务添加到待办事项清单中（并在日历中留出一个时间段），以便有时间做准备。

避开会议的三种方法

如果你想避开或退出经理或者其他有影响力的同事召集的会议，你可以创造三种情境让他们原谅你的缺席。以下是三个有用的策略：

（1）**权衡利弊**。如果你的经理邀请你参加一个漫长而无关紧要的会议，你应该让他权衡一下是让你参加会议重要，还是完成他给你的工作重要："如果你不介意让艾米等到下周才拿到我们的咨询报告，我倒是很乐意参加周四那两个小时的集体创意讨论。我们本来答应星期五中午给她的。"

（2）**先决条件**。你的目标是确定为了你保证能参加这次会议，你的同事需要做出适度的努力，这就是为你不参加会议找一个合适的缓冲理由："如果我参加能对你们有用的话我很愿意加入，但我需要先考虑我们的客户。你能把他们最后一季度的账单和他们主要关注点的总结发给我吗？"如果你在会议上的意见真的很重要，他们会努力为你提供背景信息。如果不是，那这次会议就不值得你耗费时间了。

（3）**替代方案**。如果同事要求你参加一个需要你的特殊知识、洞察力或专业知识的会议，看看你是否能以其他形式提供："我得调整下工作安排才能挤出时间来开会，但我也可以把我最新的相关客户的提案收集整理出来，然后提前发给你，这样你们的会议便可以以这个为基础展开。"

▶ **线上会议之中**

如果你已经完成了自己的准备工作，你花在这次会议上的时间应该是富有成效和愉快的。但这并不意味着每次会议你从始至终都需要全身心地投入。事实上，你应该认为，在每次会议中培养一种联系感是一个不成文的议程,因为建立人与人之间的信任对提升团队效率至关重要,而且在远程工作时尤其具有挑战性。

当你主持会议时

- 坐在椅子上是不够的。你需要通过吸引参会者的注意力来引导他们发言,因为远程参会者即使打开了摄像头或名义上加入了会议室,也可能仍然在看自己的电子邮件或信息,你最好的选择是用主持人苏珊娜·霍克斯(Suzanne Hawkes)所说的"签到措施"来开始会议:"让每个参会者一定要关闭所有其他标签或者网页;如果可能的话,清除其他干扰,并努力积极发言。"[①] 霍克斯建议大家保持一两次沉默,集体深呼吸,或者邀请大家在屏幕上互相注视,以确保把每个人的注意力带到你的会议室里。这样做还有一个好处,就是让房间里的每个人都为会议做出贡献,这对促使沉默的与会者发言很有用。

- 一旦所有人都已就绪,就从会议议程开始,总结要解决的主要问题和要做的决定。但开场评论必须保持在5~10分钟之内。如果你占用的会议时间太长,就没有讨论和辩论时间了。要假定与会者事先已经阅读了发送的材料,否则是没有人会在会议即将开始前阅读这些材料的。

- 如果你所在的企业每个人都非常忙碌,中途总是有人不断加入会议又没时间看背景材料,那么你需要考虑是否需要重新组织这次会议以避免这种情况。一个方法是在会议刚开始时加入5分钟的简报环节,另一个方法是将会议作为"合作会议"运行,将准备时间纳入会议议程(见下文的"共同合作会议"部分)。

- 如果你希望能在会议中产出一些创意或确保获得整个团队最真实的想法,不妨先提出一个假设,然后邀请与会者提出反馈。例如,你可

---

① Suzanne Hawkes, "Facilitating Virtual Meetings for Humans." LinkedIn, April 30, 2020, https://www.linkedin.com/pulse/facilitating-virtual-meetings-humans-suzanne-hawkes.

能会说："我正在考虑将我们的年度销售会议转换成每个月的在线会议，这样就不用大家一起面对面开大会了。但我很想了解你们对这个想法的反应，也欢迎提出其他建议。"

- 密切关注与会者的动态。有人开小差了吗？叫他们的名字，邀请他们分享自己的想法。是否有一个参与者在打断别人或者别人发言时他在说话？不要犹豫，立即阻止这种行为！把发言权还给被打断的人。

共同合作会议

随着越来越多的人开始远程工作，一些企业现在举行会议时，会在会议刚开始时而不是会前分享背景材料。然后，与会者静静地坐在各自的办公桌上阅读这些材料。虽然这种做法似乎很浪费时间，但它可以确保每个人在发言前有充分的准备。对成员分散在各处的团队来说，在共享虚拟空间里同时沉默地各自阅读材料可以缓解独处的压力及Zoom视频会议带来的疲劳感。

当你参加会议时

- 要想成为一个很好的与会者，你需要留意会议议程，分享相关的想法，尊重别人的观点。反思一下你一般是过度参与还是过少参与，并且相应地调整自己的做法：如果你在一个会议中最多发一两次言，那就强迫自己增加至三四次。如果你总是习惯占上风，那就给自己设定一个发言的"上限"，尽量不要超过那个限度。

- 通过对别人分享的内容进行回应来显示你在倾听和发言。如果你的发言是基于别人的评论，那么一定要先表达对他们的感谢；对会议中的性别差异的一个普遍担忧是，女性发表的观点很难得到大家的认同，除非有男性重复了同样的观点。[1] 在讨论的节奏中也存在同样的问题：无数研究表明，比起男性，女性更经常在会议中被打断，[2] 因此，会议负责人和会议参与者都应确保你们的在线会议中不会出现这种现象。

- 永远记住，你的摄像头是开着的！你的面部反应和你说的话一样重要，尤其是当所有人都能看到你的头和肩膀的时候。如果某人的发言出现了错误，不要做鬼脸，试着让自己看起来对别人的观点感兴趣并接受大家的观点。

替代幻灯片的五种选择

虽然幻灯片是将每个人的视觉注意力集中在会议上的最常用的方式，但当你们的团队成员分散在不同地方时，其他方法可能更有效。以下是一些可以考虑使用的方法和工具：

（1）**在线协作白板**。在会议期间，使用 Miro、Mural 或 Jamboard 等虚拟白板来整理和组织想法。你也可以使用这种白板作为一种破冰工具，如邀请每个人画一幅图来代表他们的项目目标或他们今天的心情。

（2）**协作式笔记**。创建一个包含会议议程的谷歌文档，并邀请所有人随着会议的进展在文档内添加笔记。

（3）**协作式思维导图**。使用像 MindMeister 或 Coggle 这样的工具在树状图中组织大家的想法或信息。

---

[1] Elizabeth J. McClean, Sean R. Martin, Kyle J. Emich and Col. Todd Woodruff, "The Social Consequences of Voice: An Examination of Voice Type and Gender on Status and Subsequent Leader Emergence", *Academy of Management Journal* 61, no.5（October 2018）, 1869–91, https://doi.org/10.5465/amj.2016.0148.

[2] Don H. Zimmerman and Candace West, "Sex Roles, Interruptions and Silences in Conversation", in *Language and Sex: Difference and Dominance*, ed. Barrie Thorne and Nancy Henley（Rowley, MA: Newbury House, 1975）, 105–29, https://web.stanford.edu/~eckert/PDF/zimmermanwest1975.pdf.

（4）**项目展示板**。在屏幕上分配任务，调整截止日期或查看项目时间表。

（5）**电子表格或文档**。如果你们正在对需要完成的报告进行头脑风暴，那么可以把大纲写进谷歌文档，这样每个人便都能看到或添加内容；如果你正在为公司计算撤出预算的项目，把它们直接放入一个电子表格，这样每个人都可以看到和编辑。

▶ **线上会议之后**

许多会议在与会者还没清楚地理解会议做了什么决定时就结束了。如果你在会后发送或收到了这样的电子邮件和信息，如"有什么下一步方案是我应该知道的吗？"或者"讨论的时候我是不是错过了什么，因为我不知道下一步该做什么？"这表明你的会议不是很有效。这对线上会议来说是一个特别大的挑战，因为它们可能在某一个时间点突然就结束了，大家也不能像在线下开会时出门的时候还能彼此聊聊会议内容。

但好消息是，如果能在会议最后得出清楚的结论以及下一步的方案，许多混乱的会议就能在最后 10 分钟内被拯救。

当你主持会议时

- 在会议结束前的 5~10 分钟，切换到总结模式，即使你们还没有完全走完流程。最好把一些内容推迟到后续会议或通过电子邮件进行，而不是让人们对已经讨论过的内容变得模糊。如果某些与会者能够一直待到会议结束，你们可以讨论不需要整组参与的其他项目。

- 总结已经决定的内容，并重点关注下一步方案。通过三个问题结束讨论：本次会议的后续项目是什么？谁来负责这些事情？这些任务的截止日期是什么时候？确保每个任务或下一步方案都被分配给了特定的人，并且有一个明确的截止日期。如果你总结会议中已经达成的共识，而不是只居高临下地布置任务，你将得到更多认可和承诺。

● 决策和下一步方案都应记录在笔记或项目展示板上，以便会议中的每个人及其他需要知道结果的人随时都可以访问。即使每个人都能够接触这些信息，也要向整组发送后续电子邮件，包括相关笔记的链接（可能在电子邮件的正文中提及几个关键点）或提醒人们在哪里可以找到任务列表和时间轴。一个一直遵循这种做法的企业也很少会有过多会议，因为如果大家可以看到自己错过的会议中记录的笔记和任务，就可以不用参加那么多会议了。

● 即使会议结束后，也保持会议室的开放，也许有人会留下来继续聊聊天。

当你参加会议时

● 如果你在会议的最后 10 分钟没能明确了解下一步该做什么，作为与会者，你应该询问小组其他成员做了什么决定，以及你下一步要做什么。

● 离开电脑前或在会议结束检查电子邮件时，请确保你已经得知了自己的任务或后续项目。除团队在线协作笔记，最好也做好个人笔记，并保证它们可用或可操作（如将其放入你的任务管理应用程序）。

线上会议的挑战

当你环顾会议桌时，你会从房间里的其他人那里获取各种各样的非言语的信息：你可以从某人往后靠在椅子上的方式猜出他正心不在焉，或者你可以从某人的微笑中看到他热情的回应。

然而，在线上会议中，这些信号几乎都消失了。[1] 即使你特地告诉自己线上会议可能跟面对面的会议感觉不同，你的大脑也努力想让自己感觉跟你开会的是一群活人。你的潜意识会尝试将与会者的非语言神态与他们所说的内容同步，并预测接下来会发生什么。但是，视频通话中不可避免的延迟和故障意味着这些线索实际上并不会同步，你的预测也会不那么准确，因为你看不到任何人的全部肢体语言。[2]

当然，身体生物层面的化学物质也起着一定作用。心理学家苏珊·平克（Susan Pinker）指出，面对面地对话时人体会释放出多巴胺等神经递质，而多巴胺是让我们快乐的主要因素，也是促进人际沟通的催化剂。[3] 如果没有这些化学物质，我们在生理层面上的参会体验就会非常不同，这会影响我们会议达成的结果，以及我们在会议中和会议后的感受。

线下会议与线上会议的差异给我们带来了困难，让我们在会议过程中更加疲惫和茫然若失，导致了所谓的"Zoom 会议疲劳"。[4] 除了这些心理和生理上的冲击之外，线上会议还带来了认知和时间分配上的负担。基于屏幕的交流带来的干扰和复杂性使我们的认知不堪重负。有些人发现在屏幕上看到自己的脸或乱七八糟的头发会分散他们的注意力，或者总是会不由自主地注意自己在镜头前的形象。有人可能会因为看到屏幕上并排出现的头像感到尴尬，或者当屏幕上的头像突然移动而吓一跳。

当然，还有各种视频会议充斥在我们的工作中，而导致我们无法有

---

[1] Libby Sander and Oliver Bauman, "Zoom Fatigue Is Real—Here's Why Video Calls Are so Draining", May 19, 2020, TED Ideas, https://ideas.ted.com/zoom-fatigue-is-real-heres-why-video-calls-are-so-draining/.
[2] Clive Thompson, "What If Working From Home Goes on... Forever?", *New York Times*, June 10, 2020, https://www.nytimes.com/interactive/2020/06/09/magazine/remote-work-covid.html.
[3] Betsy Morris, "Why Does Zoom Exhaust You? Science Has an Answer", *Wall Street Journal*, May 27, 2020, https://www.wsj.com/articles/why-does-zoom-exhaust-you-science-has-an-answer-11590600269.
[4] Liz Fosslien and Mollie West Duffy, "How to Combat Zoom Fatigue", *Harvard Business Review*, August 29, 2020, https://hbr.org/2020/04/how-to-combat-zoom-fatigue.

效利用时间。我们都有过同样的经历，每次会议的前 5~10 分钟都浪费在等待别人连线上，有时候又会出现无法共享屏幕的状况，或者是中途因接电话导致视频连接中断。如果这些视频会议持续整整 60 分钟，那么你根本就没有时间休息，如喝喝咖啡，看看电子邮件，或者去趟洗手间。

鉴于以上原因，即使是一个拥有良好会议技巧的专业人士，也会认为线上会议最终会削弱他们作为一个远程企业的工作效率。在本章的最后一部分，我们将讨论关于如何应对线上会议中出现的典型问题的策略。

让线上会议更加高效

由于线上会议在心理、生理、认知和时间分配方面的挑战，我们需要尽量地减少它们的次数，并充分利用我们主持或参加的会议。让会议次数"最小化"与避免开会不同，这只是代表你将要参加的会议的次数和时间保持在一个经营业务所需的最低限度。根据你的职责、企业性质和经理/客户的要求，这个最低限度可能是每周六七次会议，或者是一天召开六七次会议。

▶ 只在必要时开会

在第 2 章"像一个企业一样提供最好的产品"部分，你会发现如何通过转向间断式协作来取代或减少几种常见会议。虽然尽量减少不必要的会议很重要，知道正在进行的会议是否起到了作用也同样重要。当你需要处理如下问题时，线上会议也可以是正确的选择。

- **讨论一个没有简单答案的关键决策**。激烈的辩论可以让你确定并厘清所有相关的顾虑。
- **就一项重要协议的要点进行谈判**。否则，你们可能因为无法清楚了解对方关注的重点而需要几天或几周的时间来来回回地修改草案。

- **就一个项目或提案进行新想法的头脑风暴**。你们可能需要彼此提供天马行空的想法以产生具有创新性的产品或服务。
- **与新客户、新供应商或新同事建立良好关系**。无论你是欢迎新客户、新加入的员工、介绍新供应商，还是召集新项目团队，利用在线会议进行首轮介绍和团队建设都会帮你们奠定坚实的基础，之后的电子邮件和电话沟通将更加顺畅。
- **让你的团队共同参与某项活动**。从庆祝已经取得的重大成功到为你的企业引入新的愿景，有一些关键时刻需要每个会议室（虚拟）里的人，既铭记这个时刻，也建立一种共同的使命感。

▶ 缩短会议时间

当我们都身处同一个房间时，1 小时已经是人类注意力的极限，那么视频通话时 1 小时会让人感觉更长。通过计划和组织你的会议以快速完成所有议程，然后让与会者通过非正式的聊天来进行社交。

要缩短会议时间

- 将普通会议保持在 45~50 分钟之内（更好的是 20~25 分钟），而不是 1 小时。让大家熟悉这个规则，这样他们就知道什么时候有时间去洗手间、吃点零食或查看信息。
- 如果是时间较长的线上会议，那么要尽量将每次会议时间控制在 2 小时之内。当你需要举行一个更长时间的会议，如撤退或战略计划会议时，可以把议程分成较小的部分，每次会议都不到 2 个小时，且每 1 小时有 15 分钟的休息时间。每 2 小时会议之间休息更长时间（至少 30~45 分钟）。如果有可能，把会议安排到早上和下午，这样你们就可以有更长的休息时间。
- 明确较长在线会议的休息时间。告知与会者休息时间段，让与会者及时回来（如"我们将在 4：05 继续"），然后继续开会。

远程办公策略——缩短会议时间以发挥更大作用

人们觉得最理想的状态是，公司或经理们制定一个规则，让普通会议保持在1小时以内，让与会者有时间休息。但是，即使你不是那个制定规则的人，你仍然可以朝着这个方向努力。

当你自己安排一次会议时，明确指出这是一个45分钟的会议。当然，从会议邀请中可以很明显地看到，但你应该再强调一下："我们会准时结束会议，这样每个人可以有15分钟的休息时间，然后继续工作。"如果你有足够的权力或跟其他与会者关系良好，那么便可以在接受任何1小时的会议邀请时注明你要提前10分钟退出，以便为下一个会议做准备。

如果你碰巧是主持会议的人，想办法提醒会议召集人："我注意到下周营销会议的最后20分钟是为即将发布的博客文章准备的。我提前从别人那里收集相关资料怎么样？我们只需要5分钟就能挑选出最好的想法，这样大家就可以在参加接下来的会议前休息一下。"

▶ 使会议更人性化

小规模的会议更有效，更能吸引大家的注意力。小规模的会议减少了线上会议的与会者心理和认知上的压力，因为与会者更少，更容易识别他们的身体语言。要使你的会议更人性化，你需要：

● **让与会人数少于10人。**如果会议中需要有意义的对话，特别是当讨论者可能会情绪化或有争议时。具体的人数将取决于你使用的视频会议平台，你的目标是将与会人数限制在你的电脑屏幕可容纳的面孔数量内，而且还能让你们看到一定层次的细节。如果人数过多，人们需要切换视图，结果只看得到说话的人。当你可以在屏幕上看到所有与会者时，他们也可以看到彼此，并留意彼此的反应。

• **从屏幕前后退一步。**让其他与会者也这样做，这样你们就能充分享受到见面的好处。如果你们都坐得更远一点，就可以看到对方的上半身，这样每个人都能接收到更多与他们的发言同步的视觉线索。

▶ 为会议做准备

你可以通过事先把一切准备好来减少线上会议在时间分配上的压力（并缓解同事的烦躁心情）。

• **将每个会议的视频链接作为你每日评论的一部分添加到你的日历中。**最理想的情况是这些信息都包含在了你发送或收到的所有日历邀请中。如果没有找到，则向组织者发邮件了解详细信息。

• **当你在日历中看到其他你不常使用的平台的会议邀请时，识别并下载或更新你的视频会议软件。**每天查看日程安排时，查看每个会议将使用的视频会议平台，确保自己安装了最新版本；启动这个软件并确保你知道如何登录。如果会议过程中需要共享屏幕，先自己试一下，以便在会议开始前启用屏幕共享权限，因为这通常需要你退出并重新启动应用程序。

• **研究如何减少会议中的背景噪声和无关的打扰。**如果你有间充分隔声、不受打扰的家庭工作区，那就最好了。如果没有，与配偶或室友商量好如何能让你在会议期间获得安静的空间。

• **在会议开始前几分钟登录。**这样你就有时间解决网络连接问题。确保耳机工作正常（如果你使用耳机参会），打开摄像头，并确保音频正常。为了防止软件出现问题，应在附近放一部手机，这样如果你的视频连接有误，就可以通过电话参会。

• **关闭计算机上的通知，并关闭任何可能播放通知声音的浏览器窗口**（如打开的 Facebook 窗口）。不妨关闭任何高耗电的应用程序，以提高电脑的性能,如果你要共享你的屏幕,就让桌面看起来干净清爽。尤其要注意关闭在屏幕共享时可能会出现的电子邮件或消息窗口。

▶ 最大化线上会议的优势

本章的大部分内容都集中在如何减少线上会议占用的时间,例如如何减少线上会议的次数,让会议时间更短、人数更少,因此你可能会认为我们对线上会议持负面态度。但实际上,我们只是在纠正会议的过度使用,特别是在新冠疫情蔓延的最初几个月,人们刚刚转向线上会议时。

线上会议可以且应该是你工作的重要组成部分,因为它们让你与客户和同事保持联系,并减轻了工作中电子邮件和其他形式的负担。(预定一次20分钟的会议要比一连串发送20封电子邮件容易得多。)

事实上,线上会议(特别是比起过去的面对面会议)有一些独特的优势,你可以通过利用视频会议平台的特定功能来最大化这些优势。例如,视频会议允许你:

- **使用文本聊天及引导与会者访问相关资源以避免不必要的讨论来保证会议的顺利进行。** 如果你在交流中提到了一个文档,直接在其中放置一个链接,这样人们就不会浪费时间去寻找它。聊天窗口也是一个为别人的观点喝彩,或告知别人自己离开会议的好地方,这样就保证了会议不会被打断。如果你需要澄清某个问题,可以通过聊天窗口提出来,这样就不用让会议主持人把发言权限转给你,直接把你的问题贴在聊天窗口,会议中的其他人就可以回答。
- **不发言时选择静音,以免分散其他人的注意力,还可以更清楚地听到同事的声音。** 这不仅可以将背景噪声降到最低,还给了你一点自由。例如,你想叫旁边的家人帮你倒杯咖啡,或者对着跳到厨房柜台上的猫大喊大叫。
- **利用投票功能获得所有参会者的意见。** 投票功能可以让你快速了解与会者对一个重要问题的感受，即使参加会议的人特别多。鲍勃就喜欢在一个重大辩论前后使用投票功能来看看辩论中提出的观点是否改变了与会者的看法。

- **利用分组功能促使大家进行讨论。** 特别是在召开大型会议时，分组功能可以让与会者以 3~4 人为一个小组的形式在短时间内进行积极讨论。要求每个小组在汇报环节向整个小组报告其讨论结果。

来自远程工作者们的分享

贝丝·坎特（Beth Kanter）是一名线上辅导师、培训师和作家，她 30 年的远程工作经验使她在后疫情时代的远程办公大潮中拥有了独特的优势。

我从 1990 年起就开始远程工作了。我最初在家工作还不是通过互联网。我为艺术机构提供营销策略，去现场为他们提供咨询，而它们大部分都是本地的企业。

后来国家艺术基金会聘请我为顾问，并派我到全国各地做评估。他们给我的是重达 50 磅（译者注：约 22.68 千克）的笔记本电脑，晚上还要通过拨号调制解调器连接。

在纽约艺术基金会推出一个名为 ArtsWire 的在线网络之前，我甚至都不知道互联网是什么，但我在我们家里安装了第二条电话线，结果这条线成了他们网络的帮助热线。而当别人都还没有远程工作的团队时，ArtsWire 已经完全实现了远程办公。现在我与全国各地的非营利组织和基金会一起工作。我与客户一起，每隔一年设计、操办一个大型会议，并帮演讲者们做各种准备。整个设计过程通常始于每两个月举行一次、为期一天的现场会议，然后我与他们远程沟通。但现在由于新冠疫情无法见面，所以我们现在试图把面对面的会议时间分割成更短的线上会议。

几周之后，大家完全蒙了，因为他们要开的会更多了。过去人们习惯了一起待在实体的办公室，转向远程工作意味着现在需要更多的交流。一切都要事先安排好，有一个议程，而不像过去大家待在办公室里随时可以开会。

在新冠疫情暴发之前，我们可以随时开会讨论并做出决定，但现在每个人都有其他的会议要参加，而且都是超负荷运转，会议效率开始下降。因此，我重新设计了会议，让它看起来更像是一系列较小的可交付成果，几乎就像一个大学的课程。我收到一个完成的工作成果，把它打好包，用电子邮件发给我的客户，他们进行检查并为接下来的会议做准备。自此我们的视频会议时间更短，也更有效。

我还尝试过无声会议，从给大家分享一份报告开始。先给他们 5 分钟的时间阅读报告，然后我告诉他们这是谷歌文档的报告，请把每个人的评论加进去。这样会议进展要快得多，因为每个人都有了集中思考的时间，我们的讨论会更有成效。

各个同事之间的合作也帮助我们想出了一个真正创新的会议方法。首先，在 1 个季度的每个月找一天，早上是 90 分钟的全体会议；然后，进行长时间的休息；接下来，在下午开展一个 90 分钟的全体会议。这样我们就不用花两天的时间聚会并进行大量的社交。

我们正在尝试一个特别令人惊艳的 3D 空间进行小组讨论，这个 3D 空间看起来特别像一个会议中心：你会有一个机器人化身，这个机器人胸前是你的视频画面。然后你可以在虚拟会议空间中走来走去，当你走近其他人时，他们说话的声音会变大——这样，你就可以和他们进行交谈。两次会议之间会有有趣的休息活动，因为你不可能连着开 8 个小时的 Zoom 会议！

要点总结

（1）邀请人们参加会议时，记得附上明确的会议议程，并至少在会前24小时提供相关背景资料。

（2）只接受附有议程的会议邀请，以便充分利用你的时间，推进你的优先事项，并想办法婉拒其他会议。

（3）会议主持人的工作是让与会者将全部注意力放在会议上，以保证各项议程顺利完成，鼓励整个团队积极参与。

（4）负责任的与会者会倾听别人的发言，并分享自己的想法，同时对他人的分享表示欣赏和感谢。

（5）留出会议的最后5分钟或10分钟做总结、确定后续步骤、指出各人所负的职责和最后期限。

（6）线上会议会加重与会者心理、生理、认知和时间分配上的负担。

（7）为了削弱线上会议的负面影响，要努力减少会议次数，减少与会者人数，以及缩短会议时间。

（8）只在必要时召开会议，除非你有一个复杂或重要的决策要做，需要团队贡献创意，或者需要建立团队之间的信任。

（9）参加线上会议之前，先测试一下设备；找一个安静的地方，尽量减少来自其他方面的干扰。

（10）利用好线上会议的独特优势，如聊天室、投票或分组功能。

第 11 章
在线阅读和离线阅读

当你作为专业人士在繁忙的办公室工作时，其实也在不断地学习。例如，作为一家大型消费品公司的中层员工，上班途中，你可能会遇到一面展示着你们公司最新产品的广告的墙。在办公桌前，有人留下了一份行业快讯，上面的一篇专题文章告诉你如何在下一次贸易展上大放异彩。喝咖啡时，你偶然听到同事分享的一场 TED 演讲，并给了他很多关于如何改进客户服务的新想法。不到早上 10 点，你就已经接触到了不少新的信息和想法。

相比之下，当你在家工作时，你就不能坐等信息进入你的电脑，你需要一个正确且高效阅读各种资讯的策略，这样你才能不断成长，同时见闻广博。你可能还需要特地开辟一个阅读时间，尤其是如果你习惯了每天通勤时阅读。

把这种阅读习惯看作你作为一个远程工作企业的发展策略，就像一个好的经理会定期与客座专家共进午餐，或者为员工组织职业发展活动，帮助员工深入了解相关领域，你也需要规划自己的成长策略。当然，行业会议和网络研讨会也是其中的一部分，但是每天进行的阅读能让你以最小的时间成本获得最大的回报。

作为一名远程工作者，你可能会做更多的线上阅读。没有人会帮你把文件放在椅子上，当你从厨房吃完早餐来到办公桌准备开会前，也不可能像过去那样经过报摊浏览一下报纸上的头条。除非你的经理给了你充足的预算购买碳粉和纸张，否则你肯定不愿意把工作文件都打印出来。

但是在屏幕上阅读和在纸上阅读非常不同。① 研究发现，在屏幕上阅读会加重阅读者在身体和心理上的负担，如眼睛疲劳、头痛和视力模糊。尼克·卡尔（Nick Carr）认为网页会导致读者的思路中断。② 最近，一个对17项研究的综合分析得出如下结论：在纸上阅读比在屏幕上阅读更能让读者获得更好的理解，尽管两者在速度上没有显著差异。③ 无论如何，我们的屏幕阅读毫无疑问都是为了让我们从一页跳到下一页：许多网站将点击量作为一个重要的收入来源。④

因此，我们必须正面应对这些挑战。在工作中，在屏幕上阅读相比于在纸上阅读也是有一些优势的，例如：

- **重点强调和提取文本**。在屏幕上阅读时你可以提取和存储你重点强调的内容。
- **实时注释或编辑文本**。你可以实时注释或编辑文本，而不是在之后进行更改。
- **可搜索性和可参考性**。你可以准确查找内容，并做出标记以便未来参考。
- **共享**。你可以与同事，或在社交媒体上分享重要的文章或片段。

为了帮助你解锁这些优势，本章将向你介绍如何掌握基本的阅读技能，这样你可以快速掌握工作所需的信息，抵抗来自网络的干扰，并建立一个使你更容易保存、剪辑和分享有用材料的在线阅读体系。

---

① Sara J. Margolin, Casey Driscoll, Michael J. Toland and Jennifer Little Keg-ler, "E-Readers, Computer Screens or Paper: Does Reading Comprehension Change across Media Platforms?", *Applied Cognitive Psychology* 27, no. 4（2013）: 512-19, https://doi.org/10.1002/acp.2930.
② Nicholas Carr, "Author Nicholas Carr: The Web Shatters Focus, Rewires Brains", *Wired*, May 24, 2010, https://www.wired.com/2010/05/ff-nicholas-carr/.
③ Yiren Kong, Young Sik Seo and Ling Zhai, "Comparison of Reading Performance on Screen and on Paper: A Meta-analysis", *Computers & Education* 123（2018）: 138-49, https://doi.org/10.1016/j.compedu.2018.05.005.
④ Lucia Moses, "'The Money Is Real; That's the Problem': Publishers Turn a Blind Eye to Content-Recommendation Ads", *Digiday*, no.15, 2016, https://digiday.com/media/links-web-ad-units-terrible/.

掌握基本的阅读技能

许多远程工作者都是被动的读者,他们以几乎相同的方式浏览所有的文章和备忘录。但我们希望你能成为一名积极的读者——提前思考阅读目标,并运用系统化阅读技巧。

如果你想成为一名高效的读者,你需要在拿起 iPad 或打开手机上的新闻应用程序之前认真思考你的阅读目标。你的阅读目标会影响你阅读任何文章或书籍的方式,它意味着你是需要仔细阅读每个词语,还是只作大致浏览。例如,如果你想要:

- **了解大意**。浏览文章或备忘录获得大意。
- **找到具体事实**。如果你正在屏幕上阅读,那么可以使用搜索工具来搜索可能的关键字,以获取你需要的确切信息。如果搜不到,或者你在纸上阅读,那就慢下来,仔细品读。
- **发现新的信息来源**。快速阅读材料,直到你找到数据来源的注释、有用的网页或一整页文档脚注。
- **评估一个提案**。仔细注意预算或投资提案背后的假设及其论点质量,并仔细审查这些数字。
- **获得灵感**。如果你正在寻找新鲜的材料或想法,广泛阅读,直到你找到能打动你的人或者企业的故事。

▶ 三步阅读法

一旦你知道了自己阅读的目的,就使用三步阅读法:先把握文章结构;然后从引言和结论中获得大意;如果值得一读,最后深入阅读全文。

把握文章结构

停下!不要读第一句话!

当你开始阅读材料的第一句话时,你就错过了在最短的时间内提取最多信息的机会。你要做的是先花几分钟来了解文档的结构。它是如何开始和结束的?它是如何被划分为不同主题或部分的?查找标题、子标题或目录,以便快速掌握结构。一旦了解了文档的组织结构,你就能知道应该如何最有效地阅读它。

阅读引言和结论

你通常可以通过引言中的一个句子或段落来了解其中一篇文章的主题。最有用的引言也会告诉你一篇文章或备忘录的组织结构。

即使引言已经引起了你很大的兴趣,你也要忍住继续阅读全文的冲动。而是要直接从引言跳到结论,即作者结尾的部分。它通常总结了要点,并提出了重要的建议。现在,如果你的阅读被中断,至少你对文章有了全面的了解。

深入阅读全文

阅读引言和结论会让你了解这篇文章、备忘录或报告是否真的值得一读。这篇对一家正在苦苦挣扎的公司的案例研究真的能帮助你实现制订销售复苏计划的目标吗?如果没有,那就停在这里,不要再往下读了。

但如果这个问题的答案是"是",那么一次处理一段,只读每一段的第一句话。如果第一句话告诉你这一段对你很有用,那么继续读下去。如果没有,就跳到下一段。(这个技巧会告诉你这个世界上有多少书根本不值得细读。)

当你读一篇文章或备忘录时,应不断地问自己,这篇文章里的哪些内容是你想在几周或几个月内记住的,这取决于你的工作时间框架。换句话说,就是要把你想记住的内容提炼成一些与你阅读材料的目的相关的关键知识。这就是我们所谓的"主动记忆"。

一方面，你可以通过在阅读结束时记笔记来训练自己主动记忆的能力，这是数字笔记本（如 Evernote 或 OneNote）的用处之一，你也可以在上面建立一个名为"阅读笔记"的文件夹。另一方面，你可以在推特上发布一些关键知识，这样不仅可以使自己记住它们，还可以与他人分享。记笔记将大大增加你记住与你的阅读目的最相关的关键知识的可能性。

抵抗来自网络的干扰

吸引你成百上千次翻阅《傲慢与偏见》的原因之一就是达西绝不会突然弹出来告诉你 7 种绝对能燃烧腹部脂肪的方法。当你在网上阅读时，这种干扰简直无处不在，即使你对减肥广告不感兴趣。此外，你更容易受到那些在工作日弹出的针对性广告的困扰，它们都跟你之前休息时浏览过的东西有关，如高级皮靴、音响设备、夏威夷度假。

也许你能够抵抗这些广告的诱惑，却仍然会被一些新闻故事的网页吸引，或者有通过社交媒体分享你正在阅读的内容的冲动，或者阅读时被屏幕上出现的电子邮件的通知分散注意力。这正是线上出版物和社交网络的设计目的：吸引你进入并点击，或者把你转移到那些花钱吸引你眼球的厂商那里。

这些干扰对远程工作者更为危险，原因有二。首先，作为远程工作者你不必考虑同事是否会越过你的肩膀偷看你在看什么，这样你浏览各种网页和掉入网络陷阱就更容易了。其次，也更重要的是，你付出的机会成本：当你本可以阅读真正能推进你业务目标的材料时，你却把时间浪费在阅读毫无意义的十大最 ×× 的惊悚新闻或浏览最新的网购商品方面。

好在你不需要坚定的意志来抵抗这些干扰在你专注于与工作相关的

阅读时。如果你遵循三步阅读法，你应该始终清楚自己的阅读目的，以及你正在阅读的材料的组织结构。当然你还应该了解一些减少干扰的策略（参见下面的"容易分心的读者可用的四个技巧"），因为这些技巧不仅可以保护你不会偏离轨道，而且可以帮助你轻松找到、复习和记住正确的阅读材料，从而拓展和增加你阅读的广度和价值。

容易分心的读者可用的四个技巧

（1）**在浏览器中打开"阅读模式"。** 大多数 Web 浏览器提供"阅读模式"，它可以帮你一键消除网页上杂七杂八的信息，以便你专注在自己的阅读上。查找浏览器的阅读模式选项，并在在线阅读时使用。

（2）**安装一个广告拦截程序。** 防止广告分心的最简单的方法就是根本看不到广告。在你的浏览器中安装一个广告拦截器，所有广告将被神奇地拦截，无法出现。

（3）**使用"勿扰"模式。** 如果你要留出一定时间在手机、电脑或平板电脑上阅读，将设备设置成"勿扰模式"，这样你就不会被电子邮件或短信通知打扰。

（4）**选择一个专用的阅读设备。** 是的，你当然可以在电脑或手机上阅读，但在一个专用设备如平板电脑上阅读好处多多。如果你选择安卓平板而不是 iPad，那么有很多既可靠又便宜的产品供你选择。

建立一个在线阅读体系

一旦你掌握了高效阅读的方法，也对网络上的各种干扰有所防范，那就可以建立一个在线阅读系统了。这个系统几乎可以取代办公室聊天，午餐时的学习，甚至是行业会议的作用，只要你能够将你的行业背景与阅读有机地结合在一起，然后建立一个能充分利用每个阅读机会的系统。

▶ 确定你的阅读需求

确定你什么时候及为什么要做与工作相关的阅读。只要了解了你的阅读材料的广度，你几乎可以为任何阅读目的匹配到相应主题的材料。

首先，记下你最先能想起来的、过去一两周里读过（或听过的）材料的清单。（你可以查看浏览器历史记录、电话记录或电子阅读设备记录。）以下是部分范例：

- 来自《华盛顿邮报》的国内新闻和商业新闻，来自《华尔街日报》的国内新闻和商业新闻。
- 在领英和推特上看到的行业新闻。
- 一本关于销售策略的书中的部分内容。
- 一本关于种族主义经济学的有声读物的一部分。
- 一部小说中的部分内容。

接下来，列出一天（或一周）内你进行阅读的时间段，以及你在这些时间段内喜欢阅读的内容。例如：

- 早晨喝咖啡时：国内和商业新闻，来自社交网络的新闻。
- 午餐时间：手机/平板电脑上的电子书（需要休息一下）。
- 下午：许多与工作相关的简短文章，此时我的注意力在下降。
- 下午散步时：播客或有声读物，如果内容真的很吸引人，也可以与工作有关。

- 晚餐后/睡前：专题文章、传记或小说，不能与工作太相关。

现在将你喜欢阅读的内容分组。在上面的示例中，有四个基本组别：工作相关（文本）、工作相关（音频）、放松（音频）和放松（文本）。

最理想的情况是你为每个组别设置一个单独的应用程序或平台。使用一个新闻阅读器和"稍后阅读"文件夹阅读与工作相关的内容，一个播客应用程序和/或有声读物应用程序只播放与工作有关的内容，然后为放松进行的阅读和听的音频有一个单独的应用程序。这样你休息时就不会被一个与提高销售额有关的播客打断了。市面上有很多优秀的播客应用程序（如Stitcher、Spotify和Overcast），以及很多不同的内容聚合（RSS）[1]型的阅读和新闻应用程序，它们能给你带来不同渠道的新闻（如Feedly、Flipboard、谷歌新闻应用程序和苹果新闻）。不同类型的内容使用不同的应用程序，可以很容易地将你的政治新闻和名人八卦与行业新闻及商业新闻分开。

在这里我们关注的是在屏幕上阅读，但在某些情况下选择读纸质文本和书籍是绝对可以的。也许你更喜欢阅读纸质书籍，或者你想订阅一些商业出版物，这样你就不用总是盯着屏幕工作。真正重要的是对每种情况和阅读类型的最佳方式进行慎重的选择。如果某种阅读类型是你以后需要不断回看的，那就制定一个如何做笔记或回看的计划。

▶ 设置一个"稍后阅读"文件夹

如果将想阅读的文章和已经读过的文章但将来可能想要参考的文章

---

[1] RSS stands for Really Simple Syndication, a publishing format that allows you to pull blog posts, news articles, or other online content into a single location like a newsreader application.

保存在同一地方，等你需要时，你可能永远也找不到想读的那篇文章。如果你通过发送电子邮件给自己或别人来保存文章，那么，这肯定会导致你的收件箱爆满（也可能会惹恼同事）。

然而，你可以在一个应用程序中建立一个"稍后阅读"文件夹。与这个功能有关的最常用的两个应用程序是 Pocket 和 Instapaper，你可以选择其中一个用于保存与工作相关的阅读，另一个用于保存只为消遣的阅读，这样你就不会在读商业新闻时被美容建议或汽车评论分心。这两个平台都可以轻松地保存一篇你现在没有时间阅读的文章，并且能在下一个阅读窗口中找到它。你还可以使用 iOS 和 macOS 设备上的 Safari 中内置的"阅读列表"功能。你注册了"稍后阅读"服务后，一定要记得在所有你经常或偶然发现要阅读的文章的设备或应用程序中启用一键保存功能。

现在只要你有时间，你就可以使用 Pocket 和 Instapaper 来阅读你保存下来的新闻，总有你想要阅读的内容等着你，不论是为了工作还是消遣，只要你有时间。当你的阅读列表超出了你可以用来阅读的时间，只需清除"稍后阅读"的文章清单，然后重新开始。

▶ **设置一个剪报文档**

也许你已经不记得看一份实体的报纸是什么感觉了，让我们解释一下"剪报"文档是什么。在过去，人们真的会把报纸上的文章剪下来，然后收集到一个真正的文件夹中，在还没有互联网时，这是能找到一篇阅读过的文章的唯一办法。

那样的日子已经一去不复返了。然而，有些文章也会从互联网上消失，或者变得很难找到，所以你可能需要一个剪报文档，让你重点强调或注释你的阅读内容，甚至你会想把文章的一部分剪切下来用邮件发给自己。（好多人都这么做。）这就是为什么你也许想在"稍后阅读"文件夹之外再设置一个剪报文档。

剪报文档可以为你轻松保存网页或文章以供将来阅读。你可以在设备上保留文章的全文（可搜索或可读），也可以建立标题和链接列表。选择一个工具，能让你轻松保存这些项目，并对保存的内容进行分类，然后（最重要的）再次找到它。相关内容请参阅下面的"保存剪报文档的4种应用程序"。

深度使用技术工具——保存剪报文档的4种应用程序

（1）印象笔记。印象笔记包括一个网络剪藏工具，你可以用它来保存书签（只是标题和链接）、一篇文章的摘录或整篇文章。这对于保存相关网页，如你在未来的讨论中可能用到的案例研究文件，非常方便。

（2）OneTab。如果你是那种整天打开新窗口和标签并打算稍后阅读或参考它们的人，只要单击你的谷歌浏览器上OneTab按钮就会把它们转换成一个整洁的链接列表供你命名、保存和引用。OneTab是帮助你快速创建可以共享的一个整齐的链接列表的强大工具，你要做的就是打开8篇或10篇你想添加到谷歌文档或博客里的文章，每个都有自己的标签（但在同一个浏览器窗口），然后单击OneTab按钮。之后，你就有了一个你可以复制和粘贴的链接列表。这也是保存你在某个项目上需要使用的大量网络资源的好方法，你在一天或一周内可以重新浏览这些资源，不需要在浏览器中打开它们。

（3）Coda。这个效率应用程序能方便地将URL转换为超链接或嵌入式广告。如果你要将一组链接集合作为团队项目的一部分，或者希望在线发布链接集合，那么Coda是一种很容易上手的工具。

（4）推特。使用推特作为剪报文档？听起来可能很不可思议，但好多人都在这样做。只要选择一个不寻常的标签，即没有任何人使用过的标签，你就可以在那里分享你以后想要重读的链接。你只要在推特上搜索这个标签就能再次找到这个剪报。或者更好的办法是，使用像 Zapier 或 IFTTT 这样的工具来构建一个简单的工作流程，将带有该标签的所有内容保存到谷歌文档或印象笔记中。

把阅读变成倾听

在家工作的一个好处是，它给了你很多时间来做家务，如洗碗、洗衣服或打扫卫生。如果你对自己在工作时间洗碗感到愧疚，那就在这段时间听文章或有声书，充分利用该段时间。你可以这样做：

- 使用有声读物应用程序。你可以通过亚马逊的音频应用程序或苹果的 iTunes 购买各种有声读物，或者使用 OverDrive 上的 Libby 应用程序从公共图书馆获得有声读物。你也可以将你在 Kindle 上看的文章同步到有声读物程序中，这样就可以在读书和听书之间来回切换。
- 传感器耳塞或耳机。一些耳塞或耳机内置有传感器，当你取出或关闭它们时会有感应。如果有人在你听一本书或文章时打断你，拿出耳塞，你的听书软件就会暂停，塞回去的时候又会继续，这样你就不用再回去找你刚才听到哪里了。
- Voice Dream。这个应用程序是为有视觉障碍的人设计的，并提供了各种类似人声的声音，用它可以很好地将你的阅读材料转化为听力内容。它能够与 Pocket、Instapaper 和印象笔记集成在一起，所以你可以用它来听你想要阅读的文章。
- 一个虚拟助理。你可以使用亚马逊的Alexa或谷歌家庭助理来听你最喜欢的播客和新闻广播——如果你在厨房干家务，可你的手机还在你楼上的桌子上，这个时候就很方便了。

来自远程工作者们的分享

马歇尔·柯克帕特里克（Marshall Kirkpatrick）是斯普林克尔（Sprinklr）公司负责处理与网红和分析家们关系这一业务的副总裁，他在远程办公时就充分利用了自己摄取、记忆和获取大量信息的能力。

自从25年前加入高中辩论队以来，我每天都会进行大量阅读。我发现，如果我能获得良好的信息流，然后很好地吸收和利用它们，我就可以在生活中获得巨大成功。这也是我在大三时成为西北太平洋辩论赛冠军的原因。

在我职业生涯的所有阶段中，吸收和整合信息一直是我的主要工作内容之一。但有一件事变化很大，那就是我现在在阅读的同时会做很多事情，如洗碗，因为我的手机可以大声朗读。自从在手机上发现将文本转换成语音的应用后，我的房子比以前干净多了。我现在的阅读速度是以前的两三倍，因为听文章比用眼睛读快得多。

我把那些文章保存到Pocket中，因为可以大声播放出来，我做了关联设置，只要点赞了推特上的一个链接，这个链接就会自动被发送到Pocket里。我用文本转换语音的移动应用来听弗雷斯特研究公司和麦肯锡公司发布的类似"卓越理念中心如何赋能自适应企业"这样的报告。我觉得这种做法很方便。

每天早上醒来时，我都会看看Feedly，用它来浏览我收集的关于气候变化的资料，这是我的下一个大项目。另外，我还会浏览一下当天的文章，把它们放进Pocket里，在煮咖啡的时候听。我也试着每天读一本纸质书，现在我同时在读的大概有 15 本。纸张的感觉是一种完全不同的体验。

我阅读的时候会用 Roam Research 做笔记，我能用它看到我的笔记之间的联系。如果我在洗碗时听到一些有趣的东西，我会擦干手，拿出手机，记个笔记。停下来思考你注意到了什么，并仔细思考，这很重要。

每个周末，我都会留出一些时间来打开我在 Roam 中标记为"阅读"或"最佳做法"的文章，并为 Anki 打开一个单独的窗口，我用它来制作笔记卡片。连续 4 年，我每天花 5 分钟时间查看卡片，从而记住我学到的东西。理论上说，当我忘记了一些内容时，Anki 能让我通过卡片进行复习。

虽然我现在全职在家，但这样的学习可以帮助我在与同事交谈时有话可讲。我不能总是完美地记得每一张卡片里的内容，但我会记得有这么一张卡片，然后我把它找出来。或者，如果我安排和别人见面，我就把他们最近写的东西加入书签，一边慢跑一边听。当人们知道你在读他们写的东西时，他们会很开心。

重要的不仅是你能在脑子里记住什么，而是你能够迅速发现正确的信息，并快速有效地应用它。对信息的吸收和再应用是我的专长，也可能有更多人比我做得还要好，但到目前为止，它仍是我的一个竞争优势。

要点总结

（1）线上阅读为远程工作提供了诸多便利，但需要你通过使用阅读模式、广告拦截工具和其他工具来减少对工作的干扰。

（2）在你开始阅读任何材料之前，认真考虑你的阅读目的，并始终坚持。

（3）使用三步阅读法：掌握文档的结构，阅读引言和结论，以及深入阅读全文。

（4）使用三步阅读法时，努力记住与你的阅读目的相关的重点。通过做笔记来加强你的记忆。

（5）为充分利用你的阅读时间，请选择与你的阅读类型相匹配的阅读应用程序。

（6）使用类似 Pocket 或 Instapaper 中的可以设置"稍后阅读"的功能，以保存你想要阅读的材料以供有时间时仔细阅读。

（7）设置一个剪报文档，可以剪辑的形式收集阅读过的文章。

（8）用有声读物和文本转语音工具来拓展你的阅读空间。

第 12 章
独自写作和协同写作

当你作为一个远程企业时，你所写的文字就代表了你。如果你的文字表达清晰准确，你的经理、同事和客户将对你的知识和专业技能刮目相看。这就是为什么擅长写作，以及能有效使用在线协作工具（如谷歌文档）很重要。

在商业或专业领域，这就意味着你撰写的文档或文字沟通材料能：

- 清晰、有效地传达你需要分享的信息和想法。
- 指导其他人采取下一步行动。
- 符合公认的语法和拼写规则。

如果你能够超越这些基本要求，形成一种个人独有的语气或风格，与读者或同事建立情感上的连接，或者凭借你的叙述或说服能力在读者的脑海中留下深刻印象就太厉害了！这是一项宝贵的专业技能，当然，也不是每个人都需要达到那么高的目标。

虽然这种能力某些人与生俱来，但其他人同样可以通过实践和练习获得。你要做的只是遵循与第 11 章中提到的三步式阅读法（使用文档结构、引言和结论来找出关键点）类似的写作结构，任何熟练的读者都能够快速吸收你撰写的文档中的基本内容。

如果你长期坚持写作，遵循一个恒定不变的将创意转变成文字的写作过程，你的写作能力将稳步提升。你可以利用远程工作带来的特殊挑战和机会来打磨你的专业写作能力。

在本章中，我们将向你介绍如何提高你的写作能力。首先，我们提出了一个四步写作法——构思、写大纲，到写作和修改，这个方法对于写作任何书面文件都非常重要。我们还会向你介绍一些工具，让你的线上工作变得更加容易。接下来，我们将讨论协同写作面临的挑战，职业人士所做的书面工作中大部分都是协同写作，如果你的团队成员四处分散，而不像传统的都在办公室，协同写作就更不同了。最后，我们将向你介绍如何利用在线工具使协同写作的过程更加流畅，以便你能够利用写作能力为更大的团队服务。

写作的四个阶段

如果书面写作是你工作的一部分，你就需要完成能为客户服务的草稿和文件——尤其是如果你的"客户"就是你的经理。

在这里介绍的写作的四个阶段，显示了创建一个能反映你的目标和优先级的文档所需的不同类型的工作和思维模式。如果你首先能完成构思和大纲，你的写作和修改过程会高效得多。

在开始写作大纲之前，你需要就以下内容进行构思：

- **主要受众**。你的读者是谁，他们为什么要读这篇文章？文章是仅供内部使用，还是会公开发表？
- **目标**。你希望你的读者阅读本文后采取什么行动、做出什么行为或产生什么想法？
- **背景**。这篇文章将如何被阅读？在屏幕上？在纸上？是快速阅读还是需要一段时间来消化？

花点时间把这一切都记下来，如果你在写大纲或正文时遇到瓶颈，它会使你的想法变得更清晰，也会给你提供有用的线索。

假设你正在撰写一个关于公司总部安装绿色屋顶的项目论证，下面是应该如何进行写前规划的示例：

主要受众
- 设备经理：对项目可行性进行评估及提出建议。
- 首席财务官：确定/批准预算。
- 企业社会责任经理：评估相对于其他举措的影响和公众看法。
- 人力资源团队：评估对员工士气/敬业度的影响。

目标
- 批准项目计划和预算。
- 动员设备团队（可能还有其他员工）及时实施。

背景
- 理论上，应该在会议前在屏幕上/纸上阅读，但也可能会在会议的前 10 分钟阅读打印稿。

从这个例子你可以看到这种规划能如何节省你的时间，让你的写作更有效率。一旦你意识到这篇文章的利益相关方将在会议的前几分钟阅读它，你就知道自己应该把主要精力放在文章的第一页——以要点或可视化的形式传达信息，从而证明该项目的可行性、影响力和财务上的回报。文章中的其他内容都只是证明你很好地做了准备。

▶ **创建大纲**

一个好的大纲需要你列出所要写作的文档的结构，有了它就好像有了一份写作的路线图。它应该包含文档的主要部分和每个部分要说明的要点（以项目符号标记）。然后，当你真正写作时，你所需要做的就是充实这些要点以及各个过渡部分，从而能让读者从一个点顺畅地过渡到下一个点。

大纲不仅为你的草稿提供了一个框架，还能让你的大脑专注于写作。[1]一旦你明确了文章的论点，就可以专注于将自己的想法转化成语言这项艰难的任务。但如果你试图在真正明确自己的论点之前就这样做，只会让自己充满困惑，也会让你的读者感到不知所云。

一些幸运的人可以坐下来立刻按照他们写作的顺序写一个大纲。但对我们很多人来说，这个写作大纲的过程就混乱得多了：我们需要捕捉自己的想法，然后对它们进行细化和分类，直到最后确定整个文章结构。如果你一般都是按照这个顺序写作大纲，那么可以看看下面给出的如何以更有效的方式写作大纲的建议。

用纸笔或在电子设备中捕捉你的想法

"捕捉"你的想法意味着记录你想要在文章中写就的内容。它不是指试图写连贯的段落甚至句子：你只是试图捕捉你想要分享的想法或信息，用最少的文字记录大脑里的想法。

如果你要用纸笔捕捉你的想法，就用明信片或索引卡，这样你的想法能更容易地重新排列。如果你使用的是电子设备，最好不要用文字处理器（如 Word 或 Docs），因为要重新排列你的想法太麻烦了。（如果你写得特别短，那采用这种形式倒也可以。）

当然，更好的选择是思维导图、大纲写作或专门的写作工具，或者任何一种让你能更容易重新排列自己想法的工具。[2]思维导图是一

---

[1] Ronald T. Kellogg, "Competition for Working Memory among Writing Processes", *American Journal of Psychology* 114, no. 2（2001）, 175-91, https: //doi.org/10.2307/1423513.
[2] If you are new to mind mapping, we recommend looking at the work of Tony Buzan, who has many useful resources that can get you started, including several books.

种将想法排列成树状图或流程图的方式,如 MindNode、MindMeister 或者 MindMaster 这样的工具都可以很容易地捕获和重新排列作者的想法。

也有很多应用程序能帮助作者将自己的想法变成大纲,如 OmniOutlier 或 Workflowy。一个很受欢迎的写作应用程序 Scrivener(参见下面的"写作者的工具包")就内置了一个大纲制作工具,你可以在线性或"公告板"(cork board)模式下使用。

同时也不要忽视电子表格在组织你的想法方面的潜力。你可以在每一行中将自己的想法记录下来,下一节将介绍如何重新组织自己捕捉下来的想法。

这些方法的主要目的是让你快速捕捉你脑子里出现的所有想法:不要担心随时出现的新想法,因为当你在写作大纲或者坐下来正式开始写作时,不可避免地会有更多想法浮现。

将你的想法分门别类

一旦将所有的想法记录下来,你要做的就是把它们按相关的主题分门别类。现在还不用担心它们的排列顺序:你只要将相关信息或概念进行分组就好了。

例如,如果你正在撰写部门总结报告,你可以将有关协调和沟通的所有要点标记或集中命名为"团队";有关特定领导的要点标记为"管理层";对资源分配或成本的关切则归入"预算"一栏。

如果你使用的是大纲或思维导图工具,则可以将相关想法拖动到屏幕的同一部分,或在它们之间绘制连线来进行分类。在电子表格中,可以创建"类别"和"子类别"等栏目。

在这个分类过程中,你可能会把一些想法或信息放在一边作为无关或不那么重要的;或者,你也许会冒出一些新想法。

深度使用技术工具——写作者工具包

不要在写作过程中使用一个能完成多种任务的通用应用程序，而是根据你的需要，分别进行选择。

- Scrivener。这是专门的写作应用程序，对任何定期需要撰写超过 10 或 20 页文档的作者来说都是必备的（它对短文档写作也很有用）。它能让你的大纲撰写、分段和重新排列段落变得更加轻松，同时极大地加速和改进了撰写长文档的过程——对编写短文章或文档也有同样的优势。
- 印象笔记或 OneNote。这些数字笔记本很适合日常笔记、会议笔记和参考资料的记录。
- 谷歌文档。这对于需要集体反馈或编辑的协同写作是很好的选择。但这并不意味着你要在初稿中使用它。可以先用 Word、Scrivener 或 OneNote 编写，然后再复制粘贴到谷歌文档中方便其他人编辑。
- Word。本地 Word 文档是写短文章或报告的好选择，只要不需获得其他人的反馈。不要让你的同事以附件形式来编辑你的文档的副本，在收集各种反馈时，这只会产生巨大的工作量。可以让他们使用 Word 内置的在线协作功能，或者将你的文档上传到谷歌文档。
- Coda。你可以把 Coda 看作谷歌文档的升级版本。这是创建易于搜索的多页文档的好方法，就好像是一本指导手册或者参考资料的集合。与谷歌网盘（Google Drive）中将电子表格和文本文档分别存储不同的是，你可以将两者合并在一个 Coda 文档中。

- Zotero。如果你的工作涉及引用研究成果或参考你几个月或几年前读过的东西,你需要一个引文管理器,一个可以容纳你收集的所有文章、阅读笔记和参考书目的应用。Zotero 是一个被很多人使用的工具,它可以让你轻松地保存引文或全文来源,提取你突出显示的段落(使用 Zotfile 插件),并将正确格式的引用插入 Word 或谷歌文档中。

组织你的想法

一旦所有的想法已经集中在一起,就要考虑文章的实际结构,以及安排你要表达的观点的顺序。此时你应该回忆一下在文章构思阶段确定的目标、受众和背景,因为文章如何展开,既是一个逻辑问题,也是一个战略问题。

例如,想象一下你还在写关于公司绿色屋顶的项目论证报告。诚然,合乎逻辑的起点是解释绿色屋顶想要解决的问题:改善空气质量,吸收雨水,增强绝缘性能,等等。但你知道,阅读这篇文章的决策者们可能只会看前一或两页,因此你的大纲必须把最重要的要点放在最前面,如具体的成本和收益。

你可能要修改好几版才能把你的想法排列成一个适合你的目标和受众的顺序,同时仍然有某种内部逻辑。使用章节标题、子标题和项目编号,能使你和其他人轻松地掌握文章的大纲,并了解整体思路。现在你可以将大纲分享给其他人,以便你在完成整个草稿之前得到反馈和支持。

> **练习盲打使你工作效率更高**
>
> 如果你仍然需要看着电脑键盘来打字,那么学习盲打对于提高你的工作效率至关重要。这时候你应该能够每分钟至少输入 60 个字,通过练习盲打,你的编写速度能达到想象的那么快。选择一个游戏或一个教你正确在键盘上放置手指的应用程序,每天练习几分钟,每周测试一次你的打字速度。

完成初稿

关于写作章节的内容已经过半,但是现在我们才要开始真正讨论如何完成初稿。这其实非常准确地反映了什么是高效写作,即有很多过程都是关于构思和大纲,如果你肯花时间做好最初的准备工作,实际的写作过程要轻松得多。

既然你已经知道了要说什么和怎么说,下一步就需要找到能使你的语言最有效的风格和结构。下面是为数不多的适用于所有文档的规则:

- 尽早为读者提供文档的路线图,最好是在首页,以便他们知道此文档的用途、结构,以及为什么要阅读它。
- 使用副标题和黑体字来吸引人们注意关键点。
- 总结读者可以采取的下一步行动,即使它只是类似"如何学习更多相关知识"。
- 如果文档超过两页,在第一页加入一个总结摘要。在一个短文档(3~20 页)中,这可能是一个段落或几个要点;对更长的报告,你的总结摘要可能是一整页。

除了这些普遍的规则之外,你的风格和结构选择在很大程度上取决于你的受众和目标:

- 受众。你写的东西是为了内部参阅还是供外部阅读?你的受众是专家还是毫无专业知识的小白?是企业还是消费者?
- 目标。你是要促使文本的读者做出具体决定(如批准预算或购买产品),还是只是分享信息(如阐明上个季度的业绩、建立对品牌及其产品的认知)?

你对这些问题的回答将决定你所写内容的基调和结构(如何基于目标和受众确定文档结构见表 12.1)。

表 12.1 如何基于目标和受众确定文档结构

受众	行动	信息
内部	• 第 1 部分是你所期望的结果和决策因素(第 1 和第 2 页) • 第 2 部分是文档背景信息,如果第 1~2 页没有说服你的读者,要以更详细的信息支撑你所建议的决策和观点 • 以项目符号形式书写,便于读者浏览和消化文档内容	• 第 1 部分应是你最希望读者理解的某个观点或信息 • 尽可能按重要性给各项信息排序 • 尽量让阅读你的文档的过程既有趣又令人愉悦,因为内容全是信息的文档会让读者退避三舍,只有在被文笔吸引时才愿意阅读这类文档
外部	• 第 1 部分是你的读者遇到的问题,告诉他们你将如何解决这个问题 • 将你希望读者看到的关键句子列表显示,这些应该是读者能够一眼看到的副标题或者标注 • 围绕着这些关键句子写作文档 • 使用短句和大量的动态语言来营造一种紧迫感 • 每一点都应该让读者能够重复注意你希望他们采取的关键行动	• 以一个能引起读者共鸣的故事开始,如能引起读者注意并且有同感的小故事 • 使关键信息可视化(如附上图表),或将其变成标注/标题 • 让读者感到眼前一亮,不是为了反对而反对,而是从一个与现有的观点不同的视角出发

▶ 修改

作为一个远程企业,你需要向你的客户或经理展示你最好的工作成果。几乎没有人能够在第一次尝试时就达到最好的状态,这就是为什么修改在整个写作过程中如此重要。

欧内斯特·海明威说"所有的写作都是重写",无论是对商务写作还是小说创造来说,都是如此。你越愿意重写,就会越快发现第一稿中的不少问题,因为你可以让你内心中的那个批评者暂时停下,因为你知道你有机会不断改进。

下面是一些可以帮助你更好地进行修改的建议:

- 如果有可能,在开始修改之前至少留一天的空当。如果你能以全新的眼光查看你的初稿,就更有可能发现错误和提出潜在的改进措施。
- 在开始修改之前,保存好初稿的副本。如果你不小心丢失了一些你想要恢复的内容,你总是可以回到最初的原稿中。(谷歌文档的修订历史也很有用。)
- 使用数字笔记本或单独的文档文件来保存从草稿中删除的任何内容。这样,如果你意识到你之前删除的段落可以加入你的结论中,你就可以直接将其粘贴过来。
- 狠心删除你最喜欢的内容,是很多作家给出的建议。[①] 这意味着,当你修改一篇文章时,对你特别喜欢的任何段落、部分或措辞都要持怀疑态度,因为你越喜欢它,就越难客观地确定它是否需要留在你的文档中。
- 考虑进行三轮修改,这听起来似乎很吓人,但它会让你工作效率更

---

① Forrest Wickman, "Who Really Said You Should 'Kill Your Darlings'?", *Slate*, October 18, 2013, https://slate.com/culture/2013/10/kill-your-darlings-writing-advice-what-writer-really-said-to-murder-your-babies.html.

高。第一轮是整体结构上的：删除或重新安排大的部分，或添加你觉得必要的转折或过渡部分。第二轮是精简文本：通过删除文档中不是绝对需要的部分、句子或单词来减少字数。即使没有严格的字数或页数限制，更简洁的文章带来的效果也往往更好。最后，依靠应用程序内置的拼写检查和语法检查工具（也可使用像 Grammarly 这样的第三方工具）来发现错误，确保大小写、斜体或输入的引号一致。在这个阶段，每次都要做到像是第一次看这篇文档，这样才会有助于你发现错误和疏漏。

- 至少在电脑上进行前两轮编辑。如果你在纸质文稿上添加注释，然后再修改，会为自己增加很多额外的工作量。但是，你可能会发现纸质文稿对最终修订很有帮助，因为要在你多次审阅的电子文档中发现错误真的很难。

协同写作中的挑战

在职场或商务写作中，你的写作通常会涉及某种程度的协作。如果你正在为公司的网站写一篇博客，那这种"协作"可能很简单，就是让别人阅读你的草稿并找出你的拼写错误，或者让资历浅的同事帮忙补充一些你需要的细节。如果你正在为客户撰写一份重要的白皮书或详细报告，那么这种协作可能会比较复杂，由不同的人研究或编写不同的章节，或者由不同的经理针对不同的目标进行修改或编辑。

尽管这些写作仍然应该遵循我们在上面提到的 4 个阶段，但你需要考虑如何实现协同写作。当你与他人合作时，你负责的将不仅仅是撰写文字或生成页面。你的工作必须满足你的客户（可能是真正的顾客，也可能是你的经理或其他内部团队）的目标和要求，你的同事将根据过程和结果来评估你的工作。如果你能让他们轻松且愉快地提供写作内容，如果他们能看到自己的想法和贡献形成了最终的结果，如果你履行了你的承诺，在约定的时间内给出了反馈、完成了终稿，你的经理和同事对最终的文档将有更积极正面的回应。

而远程办公可能会让你们在协同写作中遇到不少困难，尤其是在构思和大纲撰写阶段。如果你们需要依靠头脑风暴来完成新的写作项目，要通过空白屏幕看到一个你可以与团队分享的计划或大纲并不容易。当你不能坐下来与你的经理或内部客户交谈时，你可能会更难确定你的受众和目标。

这些挑战也会减慢你的写作和修改速度。当你为你的博客文章寻找完美的例子时，或者为一份可持续发展报告提炼合适的话语时，你不能把头越过小隔间的墙向同事求援。当你为自己写的文章感到自豪时，打开谷歌文档看到同事大量的修改建议可能会感到沮丧，这可能会耗尽你对最重要的修改过程的热情。

正如所有这些例子所表明的那样，协同写作的挑战大多来自我们对写作的误解，认为写作只能是孤军奋战。如果你是在商务和专业背景下进行写作，它绝不是孤独的。这就是为什么你在协同写作时不仅要克服因为远程工作带来的输入和反馈方面的障碍，而且要提高输入效率和缩短反馈周期。

充分利用远程工作进行协同写作

协同写作和文档创建是远程工作相较于传统在办公室工作的优势之一，因为分开工作时协同写作的挑战将迫使你尽早把想法写在纸（电脑）上。因此，和同事的一个电话能很好地帮助你决定你的目标和受众。但是，一旦你解决了这些问题，最好就立即开始写大纲、初稿和修改，以便每个人都能看到已经完成了什么，以及他们需要作出什么贡献。

谷歌文档使这种协作变得非常容易。你也可以使用 Word 的"跟踪更改"功能，但我们不建议你使用，除非你的团队使用在线版本的 Word，以便所有人在同一文档上实时分享自己的修改建议，否则你将得到多组非实时反馈，还得进行协调。

下面是在远程工作时，如何充分利用远程工作进行协同写作和编辑过程：

- **说明每个人的角色和该做的贡献。** 如果你定期与其他同事共同创作文稿，那么你需要与每个人就此过程（通过电话或在线会议）进行坦诚的交流。也许团队里有几个人是优秀的研究人员和思想家；其他人则是很棒的作家；也许团队里有擅长编辑润色的人，或者擅长图表和版面编排的人。聊聊你们擅长什么，喜欢什么，因为如果你们能专注于自己擅长的领域，便能更好地一起工作。

- **从构思，或者更好的是，从大纲开始。** 即使是多人协同写作一份文件，也需要有人将文档的大纲（即你们的目标、受众和背景）放在谷歌文档上，这样每个人便都有了参考。最理想的情况是，主要撰写者或项目经理先分享一个最初的大纲，因为许多人发现，一旦有了起点，就更容易看到你们需要什么，以及缺失什么或问题在哪里（译者注：即"万事开头难"）。如果你是推进这项任务的主要负责人，那么一定要清楚你分享的只是一个最初的版本，如果大家把它拆分开或变成了完全不同的东西，不要太往心里去。

- **先将文档整理好再分享出去。** 一个很好的方法是在 Word 中编写大纲或草稿，然后上传到谷歌文档中。无论你是以什么形式编辑初始文档，在共享之前都一定要好好检查，因为复制和粘贴有时候会产生奇怪的结果。使用清晰的结构和层次（即带有编号的标题和子标题）共享大纲或文档，可使其他人添加内容的时候变得更加容易。

- **明确你所要求的反馈类型。** 通过谷歌文档共享文档时，让同事了解你所需要的反馈类型。例如，你可能会说："这只是一个草稿，所以我希望大家能对语气以及文档中缺少的关键主题/要点进行反馈；你们可以随意复制编辑。"或者，你可能会说："此文档明天将在我们的网站上发布，并且已经进行了多次修订，所以请只标记、修改与事实或拼写有关的错误。"
- **反馈时既要指出错误，也要不吝惜赞扬。** 提供反馈不仅仅是告诉别人需要改进什么，也可以指出哪些地方值得肯定和赞扬。这能极大地促进同事间的友好关系，因为鼓励和欣赏总会让大家心情愉悦。而且还能让现在和将来的合作更加完美，当你添加像"这个比喻真的很棒！"或"这个例子太完美了！"这样的评论时，你可以让你的合作者对未来充满信心。
- **在谷歌文档中使用"建议模式"。** 当你在修改某人的文档，或者邀请他们修改你的文档时，使用"建议模式"，这样你就可以看到做了什么更改，或者当你觉得原来的内容更好时也可以恢复原文。
- **在谷歌文档中使用注释功能进行评论。** 并不是每条建议都要听从。有时候也可以留下这样的注释："你能试着用不同的方式来说明为什么这项投资值得吗？"当你邀请他人做出反馈时，注释也很有用，你可以在自己的文档上留下注释，如"你们能为我在这里推荐一个更好的例子吗？"
- **总结一下你的评论。** 如果你为他人的文档提供了详细评价，在完成编辑和注释后再回顾一下，从整体上来看哪些值得肯定，哪些需要改进。在写给对方的电子邮件或文档顶部的注释中对这些内容做总结，即使你可能需要提出好几点或写好几段。例如，你可能会说："所有的要点都总结得很好，但结构似乎不太正确，以下是关于结构方面的一些建议。"

- **欢迎所有的反馈**。如果你对写作内容投入了很多思考或时间，或者你在一篇文章上投入了大量精力，那么要听取别人对你提出的改进建议确实很难。试着把其他人的反馈看作如何成为一个更清晰的思想家或更好的作家的免费指导。记住，如果是你的文稿，你不一定非要接受每个建议。

- **充分利用时差**。地理上分散的团队对于协同写作有着巨大的优势，我们在写这本书时就充分利用了这个优势。如果艾莉克斯晚上9点在温哥华完成了一份草稿，她可以在睡觉前用电子邮件发给鲍勃；第二天早上她准备办公的时候，对波士顿的鲍勃来说已经是中午了，所以他已经把他的修改寄给艾莉克斯了。如果鲍勃在一天结束时给艾莉克斯寄了一份草稿，艾莉克斯就有剩下的时间来审阅，而鲍勃第二天醒来时能得到艾莉克斯的反馈。利用时差是一个团队编写和编辑文档时减少周转时间的好方法。

- **由一个团队成员进行最后的阅读**。当你们作为一个团队工作时，试着留一个比较仔细的人进行最后的审阅。这个人会发现其他人不曾注意到的小错误，因为你们已经读过太多次了。

- **记住：不要锱铢必较**。如果你和一位同事对内部文档中的某些文字进行争论时，考虑退让一步，让他们"赢"。如果你们正在编写的是供外部阅读的文件，那么应该始终有一个项目所有者作为最终决策者，与其要求这个人对每个单词的争议做出裁决，不如确保他（她）有权决定文档的整体语气和风格。

如果你将这些对远程办公非常友好的协同写作策略与我们在本章第一部分介绍的写作的四个阶段很好地结合在一起，你所创作的文档不仅可以证明你作为一个远程企业真正的实力，也可以加强你与同事之间的友好关系并建立一种工作中的集体荣誉感。

> **来自远程工作者们的分享**
>
> 吉姆·王（Jim Wang）是一位个人理财博主，也是 Bargaineering，以及后来的 Wallet Hacks 的创始人。多年来，作为一名远程工作者，他找到了一些帮助他有效写作的习惯、工具和策略，并有了充足的时间陪伴家人。

从卡内基梅隆大学获得计算机学位后，我开始在国防工业工作。当我在诺斯罗普·格鲁曼公司（Northrop Grumman）工作时，我开通了一个个人理财博客，因为我想当一个博主，但我没有太多可写的东西，所以我开始写关于个人理财的文章。

一开始，我的 Bargaineering 博客是为我的朋友们写的。我们都想弄清楚该买哪些社保，所以我会写一些这方面的内容。我做的一件令别人觉得奇怪的事情是每个月公布我的净资产。当时很多其他博主都在这么做，所以我也照做了。当然我现在肯定不会了，但当你20多岁的时候，净资产最多 1 000 美元（如果还有学生贷款要还就更少了），谁在乎呢？但《纽约时报》报道了这件事，因为他们认为这太不可思议了——反正被《纽约时报》报道这事让我爸妈特开心！

几年后，这个博客开始赚钱，我选择辞去办公室工作，全职写博客。我也被《纽约时报》报道过，这意味着我的博客是有影响力的！我一天的大部分时间都在写作，尽管我偶尔会跟别人打电话，但一开始还是会觉得有点孤独。随着我习惯并满足于和其他博主及朋友在线上聊天这种互动方式，我已经不觉得孤独了。

我最终卖掉了我的博客，但这就意味着我还要半年去一次办公室，因为我仍然在家工作。甚至在新冠疫情暴发之前，我从来没有在咖啡馆工作过，因为我喜欢在家办公。我有两个显示器，当我在笔记本电脑上工作时，感觉特别地轻松愉快。

我创办 Wallet Hacks 的原因是我想回到个人理财领域。但这次的工作氛围不同了：我家里已经有了4个孩子，我的写作能力正在逐渐衰退，我的耐心也减弱了。写 Bargaineering 时，我还年轻，没有孩子，所以我有大量的时间写作，那时候我白天上班，晚上回家后就开始写博客。

但现在我的生活节奏已经改变了，我不再像以前那样醉心于工作了。我早上一般6点或6点半醒来，在孩子们醒来前1小时做一些工作。但到了下午4点，我的工作就结束了，我们一家人将聚在一起享受家庭时光。6小时的工作时间是足够的，因为第8个小时的创造性永远比不上前3个小时。

我认为我不再适合办公室生活了。一旦你为自己工作，有自己的时间表，就很难回到过去那种让别人支配你的时间的状态了。

所有我该尝试的事情都尝试过了，现在我已经满足了。我不会再回到过去那样的体系中，遵循统一的规则，这就是为什么我不再适合在大公司工作了。

要点总结

（1）远程工作时，你写下的文字就代表了你。这就是为什么拥有高超的写作能力非常重要，这意味着你能清晰而高效地与他人进行沟通和交流，并指导别人的行动。

（2）好的写作从好的构思开始，确定你的目标和受众，以及你的作品或文档会在什么样的背景下被阅读。

（3）列出一个能概括主要想法和信息的大纲，将它们按主题分门别类，按照你希望它们将被阅读的顺序进行前后排列。

（4）每一个文档都应该有清晰的结构，但文档的具体结构取决于你的目标和受众。

（5）所有的写作都需要修改或重写。计划至少进行三轮修改：第一轮是为了内容和结构，第二轮是为了让文本更加简洁，第三轮是为了修改与事实或拼写有关的错误。

（6）对你需要的反馈的具体类型做出说明，通过使用注释和建议来请求他人的帮助并进行跟踪修改，从而帮助你从协作写作中获得更好的结果。

（7）通过研究如 Scrivener 和 Zotero 等工具，找到适合你写作的工具。

第五部分
有效的线上沟通

当我们在远程工作时,大量交流将会在线上进行。所以我们不仅要熟练掌握前面各章中提到的基本技能,也要掌握能有效进行线上沟通的技巧和工具。本部分将帮助你学习通过短信、社交媒体和口头报告获取和传播在线信息的关键方法,使你熟练掌握第四部分介绍的基本技能。

在职场上摸爬滚打了几十年的人肯定还记得 Slacks 和微软 Teams 应用程序面世(甚至是电子邮件出现)之前的办公室日常是什么样子的。他们肯定会告诉你,任何新信息技术的到来都会给人们带来新的挑战,以及新的职场法则。与延续了数千年的手写信不同,每一种新的线上交流形式在迅速进入我们生活的同时并没有带来一套使用说明,更不用说教我们如何有效使用了。

所以,采用一套能够满足和实现线上通信的各项要求和实践的方法很重要,这些方法可能因人而异,也可能因企业而异。

第 13 章涵盖了电子邮件和信息传递,以便你知道如何处理电子邮件、撰写有效的信息,以及如何使用团队信息平台。第 14 章与社交媒体有关,能帮助你避免被过量信息轰炸,制定一个有效使用社交媒体的策略。第 15 章介绍了在线上演讲时的特殊要求,这样你就能知道如何构思、准备和在小屏幕上进行有效的演讲。

第13章

电子邮件和信息：避免信息超载

当你作为一个远程企业来管理自己的工作时，你的首要资源就是自己的时间。你收到的各种电子邮件和信息可能是管理这个资源的最大障碍，如果你每封电子邮件或信息都要回复，等于是让别人利用了你的时间。

因此，你需要做出一些经过深思熟虑的选择，决定你工作中的哪些部分最值得你花费时间和得到你的关注，然后将你处理电子邮件和信息的时间与方式和它们的实际需要及优先度进行匹配。当然，说起来容易做起来难！

在本章中，我们将介绍能帮助你处置你收到的大量信息的技术工具、配置和习惯，以便你可以将时间和注意力投入最重要的工作。我们还将向你展示如何最有效地给他人发送电子邮件、消息或者短信。

电子邮件

如果电子邮件在传统的工作场所已经是一个挑战，那它对远程工作者们的挑战就更大了，对他们来说，电子邮件经常是他们与经理、同事或客户联系的最主要方式。因此，远程工作的员工能否有效处理电子邮件至关重要。

▶ 电子邮件的 4 个关键原则

健康、高效地处理电子邮件的方式源于 4 个关键原则：

（1）**不一定每封邮件都需要回**。如果这让你觉得自己有些与大家格格不入，那么问自己一个问题：如果你每天收到 500 封邮件，你每封都要回吗？如果是 5 000 封呢？我们每个人都有电子邮件回复的峰值。与其等待峰值的到来，还不如控制好自己的时间和精力，接受甚至是拥抱这个事实，即你不用对每封邮件都进行回复。对远程工作者来说尤其如此，因为你在办公室外工作时收到大量的邮件会淹没你的其他工作。

（2）**你花在电子邮件上的时间应反映电子邮件相对于其他类型工作的重要性**。假如你每天花 4 个小时阅读和回复电子邮件，开 4 个小时的会，花 4 个小时完成优先级别最高的工作，这意味着你每天要么工作 12 个小时，要么就因为忙着回邮件而错过开会，或者错过高优先级别工作的截止日期。参阅我们在第 4 章中介绍的如何确定每项任务的优先度，仔细看看你花在电子邮件上的时间是否与它们的重要性相匹配。如果答案是"否"，那么确定好你每天在回复电子邮件方面最多花多长时间，以及把回邮件的时间放在一天中的哪个时段。

（3）**设置自动筛选机制**。一封一封地看完之后再决定哪些电子邮件你需要回复，这种方式既浪费时间，又会带来不必要的压力。相反，利用邮箱的一些规则筛选对你来说最重要的邮件，我们可以称其为主收件箱，这样你就不必花时间思考哪些邮件值得阅读或回复。这是遵循我们在第 6 章"不在小事上浪费时间"处介绍的 OHIO（只处理一次）原则的最好方式，等到你真正准备好了再去看那些邮件。更重要的是，这种方法可以确保你不会在几乎海量的不相关的邮件中错过重要邮件。

（4）**能指导具体行动**。写电子邮件不像写一篇文章或报告，电子邮件交流几乎总是关于可操作的信息，所以你发出的电子邮件需要有效且有效率地促使你的收件人能够采取必要的行动，即使这个行动只是简单地做个决定而已。

▶ **如何设置自动筛选机制**

当你决定无须查看每封电子邮件，并且确定了花在电子邮件上的时间相对于其他工作内容应分配的时间时，你就可以设置自动筛选机制了。

（1）**识别不同类型的电子邮件，以及它们的紧急或重要程度（它们并不一样！）。** 苏尼塔是一家中型专业服务公司的首席财务官，她在家工作的同时还要照顾两个小孩。她的工作内容的重要级别是这样确定的：

- 来自首席执行官的电子邮件，询问她公司内部不同的财务问题（既紧急又重要）。
- 客户询问付款条款或安排的电子邮件（既紧急又重要）。
- 来自直接下属的邮件，要求她授权支出或批准其他决定（重要）。
- 直接下属或同事转发的关于公司财务问题的电子邮件（较/不重要）。
- 来自美国国税局的电子邮件，告知她公司的纳税义务或问题（既紧急又重要）。
- 会议邀请（有时紧急，有时重要）。
- 逾期付款客户的咨询（重要）。
- 行业时事通讯（不重要）。
- 个人采购收据（较重要）。
- 促销和营销邮件（不重要）。
- 孩子老师的电子邮件，告知她课程安排或作业（重要）。

- 来自朋友和家人的个人电子邮件（较重要）。

（2）**为你收到的各类电子邮件创建"备用收件箱"。**你的目的是在主收件箱中尽可能少地看到既不紧急又不重要的电子邮件。以苏尼塔为例，她有多个备用收件箱：

- 公司内部邮件（她作为收件人，而发件人是公司内部人员的任何电子邮件）。
- 内部转发（如上所述，她在 cc 或 bcc 收件人位置）。
- 会议邀请函。
- 欠款。
- 时事通讯和促销活动。
- 个人收据。
- 学校邮件。
- 个人邮件。

（3）**设置邮件收发规则或过滤器。**将你收到的电子邮件转至相应的备用收件箱，这样它们就不会进入主收件箱。设置过滤器的具体步骤与你使用的具体邮箱（Gmail、Exchange 等），以及你使用的电子邮件客户端（网络邮箱、苹果的邮件应用程序、Outlook 等）有关。以下是苏尼塔的一些邮件收发规则：

- 包含"推迟""未付""逾期""付款""发票""账单"字样的内部电子邮件跳过收件箱，转至"欠款"收件箱。
- 来自内部电子邮件地址的其他邮件，除非是来自经理的或包含"紧急""需即时处理""紧急情况"或"今天"字样的电子邮件跳过收件箱，转至"公司内部邮件"收件箱。
- 包含 .ics 后缀（一种日历邀请文件）的电子邮件跳过收件箱，转至"日历邀请"收件箱。

- 来自孩子学校或老师的电子邮件跳过收件箱,转至"学校邮件"收件箱。
- 包含"你的购买"或"已发货"字样的电子邮件跳过收件箱,转至"个人收据"收件箱。
- 包含"取消订阅"字样的电子邮件跳过收件箱,转至"时事通讯和促销活动"收件箱。

电子邮件常规设置

现在你的电子邮件被转到了不同的地方,你可以计划如何在一天或一周的不同时间段处理你的电子邮件。这是一个非常好的方法,既确保了你能随时查看重要邮件,又不会陷入每天 24 小时都在回复电子邮件的困境。以下是苏尼塔的时间安排:

- 早上 8:30 至 9:15 查看主收件箱,处理来自首席执行官、客户、国税局的电子邮件或紧急内部邮件。
- 每周一、三、五的下午 2:30 至 2:50 查看"逾期付款"文件夹,并就如何处理每项工作给支付经理发一封邮件。
- 下午 2:50 至 3:00 查看日历应用程序中的日历,查找任何新的邀请(它们将自动出现在日历中),接受或拒绝每个邀约。
- 下午 4:00 至 4:45 根据需要查看公司内部电子邮件(第一优先级)并做出相应的回复;快速浏览内部转发邮件。
- 下午 4:45 至 5:15 查看主收件箱,并在工作结束前处理紧急且重要的电子邮件。
- 晚上 7:30 至 8:30 查看学校的电子邮件,阅读和回复任何个人电子邮件。

这个安排中缺少已发货或购买通知（这些邮件都直接转到了"个人收据"收件箱里以便在缴税时查看）或行业通讯（如果苏尼塔想休息一下，看看最近行业内发生了什么新闻时会看一看）。一天中也可能还有其他很短的时间段——如会议之间的10分钟，苏尼塔会利用这个时间看一眼她的主收件箱，看看是否还有她可以快速浏览和比较紧急的电子邮件。

设置自动筛选机制的主要意义在于摆脱不断查看电子邮箱看看有什么有趣或紧急的事情等着你的习惯。在一天其余的时间里，不要每小时检查一次主收件箱，关闭新邮件通知或弹出的消息，这样你就不会频繁地查看了。

如果你的老板的习惯或公司的文化是必须立即回复首席执行官的任何邮件，你可以将你的电子邮件设置成收到主管的电子邮件时向你发送短信通知：只要找到你的手机提供商的电子邮件地址（通常类似"2045551212@phonecompany.com"）并在邮箱中设置，将你老板的每个邮件转发到那个号码，然后把邮件存在收件箱中。对任何想要为自己的头号"客户"提供优质服务的人来说，迅速回应都是让他们对你的表现感到满意的一种明智方式。

远程办公策略——过滤公司内部邮件

你会不会因为从主收件箱中过滤了公司内部邮件或者转发邮件而害怕错过什么或回复太慢？那就通过关注最重要的邮件来告诉你的老板你希望获得什么样的结果。

可以试着这样说："我注意到我们对客户咨询邮件的平均回复时间是7个小时，有1/3的客户邮件甚至没有在当天得到回复。所以我想看看能不能通过以不同的方式处理我的电子邮件来改进这个现状。但这就意味着我可能直到一天工作结束的时候才会查看公司内部邮件或转发邮件。我可以先试一个月,然后再向您汇报结果吗?"

你会注意到,苏尼塔的安排中也没有提到发出去的电子邮件。这是因为这些电子邮件通常是你完成其他任务的副产品,你可能一整天都会因为各种需要来撰写电子邮件并且发送给别人。例如,如果你正在撰写一份报告,突然意识到需要同事提供一些重要的背景文档,你会立即给她发邮件,然后继续写报告,并不会停下来查看收件箱。是的,这需要你的自律,但很快就会成为一种习惯!但是,你要记住只在绝对必要时才发电子邮件,你发送的每一封电子邮件都只会增加你收到的电子邮件的数量。

设置自动筛选机制需要预先设置备用收件箱和电子邮件规则,也需要不断地维护。一旦完成初始设置以确定你收到的邮件类型以及帮助你筛选的规则,你仍然会收到新的时事通讯或新类型的电子邮件,从而要求你建立新的文件夹或规则。一个方便的做法是创建一个"暂存备用"文件夹,这样,当电子邮件进入你的主收件箱时,你可以将其拖到"暂存备用"文件夹供以后查看。一周查看一次"暂存备用"文件夹,并根据需要调整现有规则或添加新规则,以便只有最紧急和最重要的邮件进入主收件箱。

深度使用技术工具——定期清理邮箱

你可以自己设定邮箱规则,同时清理邮箱。在固定时间段(可能是多个时间段)清理你的邮箱。当你发现不属于主收件箱的邮件时,可以这样设置:不要设置成将来自"newsletter(行业快讯)@honda(本田).com"的邮件转到"时事通讯和促销活动"收件箱，而是设置成将任何包含"from: newsletter"字段的电子邮件都发送到"时事通讯和促销活动"收件箱。这样制定或调整邮件规则后，在 Gmail 中选中"也对匹配邮件应用筛选"等选项，或在 Outlook 中使用"立即运行规则"命令。你将看到大量邮件在你眼前消失！

击败电子邮件过多的小贴士

- 如果是需要重复回复的邮件，可以使用电子邮件签名，如"不用了。谢谢。我们已定本季度供应商。"
- 尽可能少地将邮件抄送给别人，除非你有明确的理由需要告知对方相关信息，不要总认为"说不定他们也想知道"。
- 为网购或网络注册使用单独的电子邮件地址，以便你尽量减少工作邮箱中收到的网站更新和促销活动。
- 只有在必要时回复。"回复所有人"这个按钮是一个巨大的多余电子邮件生成器。即使整个办公室都收到了筹款请求，他们也不需要知道你的慷慨捐赠。
- 每天至少从电子邮件列表中取消一个订阅。否则，你的电子邮件数量将达到你难以置信的水平。
- 在 Boomerang 这样的应用中使用"稍后发送"或收件箱暂停工具，以便你可以在数个小时后回复电子邮件，这样就不会在企业中形成一种鼓励随时打断工作进行沟通的文化。你只需拟好电子邮件，并设置在第二天定时发送的时间。

▶ **能指导具体行动的电子邮件**

作为一家远程企业,你的成功取决于你与经理或客户之间的良好沟通。如果你不想浪费他们的时间,一封长达两页、语句散乱的电子邮件很难让你的经理给你提供清晰、及时的反馈。用词精准、语句流畅的电子邮件能让你迅速得到经理和客户的回复,因此不会影响你的工作效率。

判断一封电子邮件是否写得漂亮(是的,电子邮件可以很漂亮!)主要看收件人是否会积极采取行动。你要写的不是美丽而动人的文章,而是试图以最少的文字达成自己的目的。(只要想想,当你收到一封只有一段而不是一页的电子邮件时,你是不是开心得多。)

商务电子邮件这样写时效果最好。

- 有一个清晰的事由,能标明主题和时间线。
- 邮件开头即阐明需要对方采取的行动,包括截止日期。
- 尽可能使用项目符号或编号,而不是使用段落。
- 在邮件下方附加相关背景介绍,并明确表示这是可选阅读。
- 使用谷歌文档而不是电子邮件来获得任何长度超过两个段落的反馈。
- 快速传递重要信息,使邮件阅读者能了解主题及其紧迫性,即使有的人只是在手机中查看你的邮件。
- 使用黑体字可以使你的收件人很难错过重要信息。

电子邮件、信息或短信

有时我们并不清楚什么时候该发电子邮件,什么时候该通过 Slack 或 Teams 发送信息,或者什么时候该用手机发送短信。那就看看下面这个速查表:

第 13 章 电子邮件和信息:避免信息超载 195

发送电子邮件的时机

- 它指出了该立即采取的行动。如果你要求某人立即实施多个项目，或者你需要提供背景资料或附件，那么请发送电子邮件。
- 此次交流包含 Slack/Teams 之外的人员。
- 涉及信息过多，但不是你和收件人需要互相协作完成的草稿。（如果是草稿，则最好邀请他们加入谷歌文档来处理这个问题。）你的请求或行动能时时被他人追踪，以确保你的收件人能及时响应或采取行动。
- 你可能需要查阅几个月或几年前的记录。当然，你可以搜索在 Slack/Teams 中的聊天记录，但它们不适合时间过久的历史记录。但你可以而且应该永远保留你的电子邮件，因为只要有一个好的、易搜索的电子邮件系统，就可以在 5 年或 10 年后还能找到你需要的东西。

群发信息的时机

- 非常短（不到 100 个字）。
- 事情很紧迫，你需要在 1 个小时内得到回复。
- 这是一个比较容易同步的主题。也就是说，你们之间信息上的你来我往能快速澄清或解决问题。
- 你主要与一两个人（你应该在信息中@他们）交谈，但你们的对话能被其他人在以后搜索到或看到（即使他们不需要将收件箱堆满各种转发邮件）。例如，如果你向某人询问关于带狗上班的人事政策，其他人只要在人力资源频道搜索"狗"这个词就能找到答案，但你不需要将邮件抄送给公司所有同事。

发送手机短信的时机

- 事情非常急迫。你需要立即或在 30 分钟内得到回应。
- 你的收件人不愿意使邮箱充满电子邮件或企业聊天记录,并要求你通过短信提醒他们重要问题(也许还得让他们知道有些重要问题你也发送了电子邮件)。
- 你不希望出现在企业聊天服务器上的敏感主题(但还没有敏感到不能以文字形式出现)。
- 对企业聊天群组之外的人来说,这是一个能快速回复的问题,即使它并不紧急,但他们的回复能让你的工作继续进行。

通用电子邮件写作原则

以下电子邮件的写作原则放之四海而皆准,我们可以把它们当作一个你可以反复使用的基本结构。它可能不适用于所有情况,但它应该是默认格式,除非你有充分的理由使用别的结构。(请参阅下面的"通用电子邮件范本"部分查看范文。)

开头希望收件人采取的行动

- 第一句话和项目符号列出了你需要收件人做什么及截止日期(如果他们没有继续往下读,这也就够了)。
- 一个项目符号对应一个行动。如果你需要收件人批准你的大纲,你需要他们给在印度的团队发邮件,每个都对应一个编号。如果截止日期不同,指出每个行动的截止日期。
- 对邮箱已经过满的收件人使用"除非……否则"这样的表达方式。

如果你的收件人收到了太多邮件,他们很难立即回复你,或授权你采取行动,所以你的第一句可以是"除非我在……日期前收到你的反对意见,否则我将……"。

提供补充背景和信息(或指向此类信息)的链接

- 提供收件人在采取你规划的行动/做出决策时可能需要、有用的或有参考价值的背景信息。
- 你的电子邮件中关于这部分的描述可以更详细,并包括完整的段落(最好仍然是以项目符号或编号的形式)。
- 清楚地指出你为什么要采用这种方法或采取此行动。
- 黑体字显示最重要的信息,吸引收件人的注意力。

在结尾表示感谢

你的邮件的结尾应该简短。如果你发现自己在这里提出了下一步或进一步的行动,将它们移至邮件开头。

最后附上签名

- 将你的电子邮件的签名设置成你的主要联系方式(电子邮件地址、电话号码、推特用户名)。
- 回复邮件时也要附带这个签名,即使你只是对共同讨论的话题进行回复。这样发件人就不必到处去找你的电话号码(或给你留言的最佳方式)。
- 尽量保持电子邮件签名的简洁,因为如果你的每封邮件中都能看到它,大家可能会对上面附带的励志名言感到厌倦。[1]

---

[1] Jen Doll, "The Right Way to Close Out an Email. (Skip That Inspirational Quote.)", *New York Times*, December 15, 2019, https: //www.nytimes.com /2019/12/15/smarter-living/the-right-way-to-close-out-an-email-skip-that -inspirational-quote.html.

通用电子邮件范本

主题：请于今天下班前就增拨 13 000 元用于 Acme 公司预算提出建议

邮件正文：

你好，珍妮——

ACME 项目的下一关键步骤：

今天下班前：

（1）根据我们的讨论，请批准增加 13 000 元预算，包括：
- 下周临时现场参观（机票 3 000 元，酒店 4 000 元/天）。
- 延聘肯·哈里斯（隐私顾问）审查网络促销活动的使用条款（6 000 元）。

（2）明天/周一：劳拉和我正在与 ACME 协调让你和他们的营销总监开电话会议。

背景：
- 对我们网站发布的额外媒体报道会增加的 ACME 的内部风险是：可能的隐私曝光。
- 对方的营销总监因担心合规团队会提出问题而立场很坚定。
- 他们将支付隐私顾问的额外费用（即增加的 6 000 元），以便向他们的合规团队提供详细的审查报告，但需要我方聘请。

我们需要下周在现场会见他们的法律和网络团队——这部分属于客户关系，但也将加快下一阶段的工作。
- 对方的营销总监知道你有法律背景后显然非常放心了，所以我们认为你与其通电话将有助于缓解她的担忧。

谢谢，
凡妮莎

凡妮莎·马尔克斯
（公司名）项目经理
vmarquez@companyname.com
电话 777-888-9999 手机 777-555-4444
推特 @vmarquezexample

企业内部群聊

如果你不再认为 Slack 和 Teams 这样的企业聊天工具只是电子邮件或者是手机短信的替代品，那么你就能发挥它的最大潜力。企业内部群聊平台有自己的独特之处，如果使用得当，他们可以帮助你从海量视频会议中解放出来。原来大家都在办公室办公时，企业聊天平台的效率往往不如面对面谈话。但是，当你和你的同事在远程办公时，群聊是一种最能满足你的需求的沟通形式，而且还很环保。

本书认为，团队群聊能帮助你在快速响应和优秀工作表现之间达成一种平衡。你的"客户"，即你的经理和依赖着你的高管们，希望你能尽快回答他们的问题或回应他们的要求，同时他们也希望你能有出色的工作表现，但如果你经常被各种电子邮件打断，这一点很难实现。善用团队群聊工具，你会在这两者之间找到一种平衡，这样你通常能对经理或其他人做出迅速的回应，同时也有时间专注在自己的工作上。

群聊原则

- 作为团队的一分子，团队群聊应该是一个远程工作者默认的沟通方式。如能使用得当，它是非常好用的方式，能帮你有效获取信息，还可保留供将来参考，它能很好地平衡视频会议的不灵活性和电子邮件的不可预测性。正如一位叫艾米·舍恩的编辑指出的那样，通过群聊传递工作信息的另一个主要优点是它能将语音转换成文字："当我用 Slack 聊天的时候，它能自动转换成文字。"
- 定时关注你的团队群聊信息，但不要时时刻刻关注。你查看群聊信息的频率可能要高于查看邮件的频率，但也不需要时时刻刻关注。关闭新聊天信息通知，并每天使用"勿扰模式"，设置一两个较长（2~4小时）的"勿扰"时间段。定时查看群内消息或任务栏，当你的注意力自然中断时，查看是否有等待消息，并在不中断你自己的工作时进行处理。同时调整你对同事响应速度的期望，在大多数企业中，几个小时内回复直接或标记的消息是合理的，期望在几分钟内得到别人的回复并不现实。
- 充分利用各种频道、讨论话题、标签、群组和信息。团队群聊平台提供了这些功能，使人们的对话有序保存并可搜索，以防止人们被海量信息淹没。确保你能够了解这些功能的使用方法，它的目的，以及你的企业或团队使用每项功能的具体方式。

▶ 团队群聊基础知识

任何依靠团队群聊平台联系远程员工的企业，都需要制定自己的使用方法和指南，如以文件的形式指定查看信息的频率、如何指定特定频道,以及何时可以标记一位特定的同事。对公司的指导手册,你不仅应该花时间阅读和吸收,还应该随时拿出来进行参考。如果你的企业没有这样的书面指南,请联系你的经理、人力资源团队或IT团队建议他们出一本这样的指南,使你能轻松地在网上找到几十篇文章,并解释为什么这对一个企业非常重要,这些文章还会指导如何制定这类指南。

虽然各个公司使用的群聊功能会有细微的差别,但即使没有公司的指南,你也有责任掌握以下基本知识:

- **频道**。将这些频道视为不同团队、项目或话题的主题会议室。它们可以是公开的,也可以是仅供被邀请者使用。大多数企业都高度重视保持每个频道的主题,并鼓励在频道内对话(和群聊正好相反),以便将来供同事参考。
- **话题**。话题是一个频道中关于一个主题的对话。当你回复频道中的消息或评论时,回复话题(而不是频道),以保持对话的一致性,避免使频道陷入混乱局面。
- **提到谁**。当你@某位同事时,代表你提出请他们注意特定的问题或信息。
- **标签**。根据你们所使用的群聊平台,你可以在某个词或短语前面加上一个特殊符号来进行标记。这是一种对相关信息进行分类的有用方法,这样你们就可以在一个地方看到它们。
- **信息**。直接消息可以让你进行一对一或小组间对话,并且仅可对信息/组中的人员进行搜索。如果你需要保密隐私,或者正在整理其他人需要查看或参考的工作细节,这非常有用。(记住,即使是直接信息也可以通过屏幕截图或由经理获得,经理会相应地调整你查看信息的权限。)

▶ 高效利用团队聊天平台

还有一些基本的操作可以帮助你充分利用团队聊天平台：

- **显示你的状态和在线时间**。确保你的状态栏显示你是否在线（甚至还可以显示你是否离开了办公桌，还是只是处于"勿扰模式"）。你可以将邮件应用程序连接到日历自动显示状态，或者你可以定期更新你的状态。

- **尽量少 @ 其他人**。如果你收到针对特定同事的信息，但答案/对话可能与其他人相关（如询问客户文件信息或使用内部销售系统的某些操作），最好是在公共或团体频道发布，@ 需要回复的特定同事。但是如果仅仅因为你想让他们看到某个东西就 @ 他们，那么它的作用就相当于转发邮件，应尽可能少地这样做。

- **尊重讨论话题**。使用信息话题回复特定消息，并将后续回复或评论链接到原始消息。

- **询问同事之前，先进行搜索**。团队群聊平台最妙的地方在于，它可以为你提供你想要的信息和答案。因此，在问同事一个问题之前，应先在群聊中搜索一下，你可能会看到之前是否有人问过这个问题以及其回复。

- **请记住，文字信息并不是你唯一的选择**。团队群聊平台通常也包括音频和视频、文件共享和屏幕共享选项。集成所有选项的最大优势是，如果打字太麻烦或者词不达意，可以快速切换到通话或屏幕共享。

- **选择自己的频道**。并不是每个频道都需要你持续关注。应关闭一些频道以确保你不会错过真正需要注意的信息和通知。

- **发送完整信息**。如果你要说的话有几句，在你表述完整之前不要轻易点击发送——一次看到一句话是很烦人的。

- **尊重上下班时间**。一些企业试图通过设置团队消息关闭或官方禁止时间来保护员工的个人时间，但如果人们在多个时区工作，这种方法便不太实用。要保护私人时间并对同事表示尊重，请将下班后的信息保存到下一个工作日。
- **保持专业度**。虽然轻松随意地发言很好，但还是尽量保持语法和拼写的准确。

深度使用技术工具——不同信息交流工具

在远程办公的过程中会使用各种不同的信息交流工具。下面是一个清单：
- 团队群聊平台（如 Slack、Teams）是本节的重点。这些平台旨在帮助团队或公司管理他们的日常内部沟通。
- 文字短信息，有时也被称为短信，是在手机输入的内容。除非同事或客户特别告诉你，他们更喜欢你发短信，否则要把发短信当作紧急情况时最后使用的手段。
- 社交媒体信息。通过所有大型社交媒体平台（如脸书、推特、Instagram、领英）获得。有时可以是建立或重新建立与同事的联系的一种有用方式。
- 保密信息。许多用户对主流信息交流应用程序在安全性和隐私上不太放心，特别是那些隶属于社交网络的应用程序。2014 年的一项调查发现，80% 的社交媒体用户担心第三方会通过社交网站访问他们的共享数据。[1] 有一些信息交流平台，特别是 Singal 和 Telegram，旨在通过语音呼叫和短信的端到端加密来解决这一问题。可以在手机上安装一个加密短信应用程序进行敏感的对话，以免受政府或竞争对手的入侵。在

---

[1] Mary Madden, "Public Perceptions of Privacy and Security in the Post-Snowden Era", Pew Research Center, no. 12, 2014, https://www.pewresearch.org/internet/2014/11/12/public-privacy-perceptions/.

撰写本书时，Signal是这类应用中最值得信赖的，因为它是开源的，这意味着许多安全专家有机会寻找其安全方面的漏洞或错误。
- 其他短信应用程序。WhatsApp、GroupMe、苹果的Messges，以及它们自己的一对一或群组消息的平台。WhatsApp（由脸书所有）拥有大量的用户群，在许多国家是短信和群聊的主流平台。

当你有效地利用电子邮件和短信息时，等待回复或重点工作的时间会减少。你可以通过设置邮件规则来自动筛选邮件，避免你的邮箱爆满，并且你还可以明智地选择何时，以及如何使用电子邮件、短信或群聊来更有效地沟通。这将既能使你这个远程企业更高效地运营，还能使你成为一个体贴、被尊重的同事。

来自远程工作者们的分享

索伦·汉比（Soren Hamby）是一名用户体验设计师，他把远程工作、短信变成了帮助自己的视力障碍和自闭症，以及那些对非二元性别（译者注：非二元性别指超越传统意义上对男女的性别划分，不单纯属于男性或女性的性别自我认同）不熟悉的同事使用正确的人称代词的工具。

作为一个自闭症患者，我喜欢清晰的交流。这不仅仅是指"你能为我提供我所需的设计吗？"，还包括"你能理解我的潜台词，理解客户所说的'爵士风'或'时髦'是什么意思吗？"

我已经学会了使用自适应技术来满足我的需要。远程工作对我很有利，因为我有了需要的工作站。让一切都可调节和量身定制对弱视和多动症或自闭症患者都很重要，这样我们可以控制受到的外界刺激的数量。如果这一天事情特别多，我可以降低电话会议的音量；但如果是在现场我没法这么做。

电子邮件和Slack使我与别人的沟通变得更容易，因为我可以放大屏幕，并使用黑色模式即让黑色背景上出现白色文本。但是聊天应用程序往往不太注重易用性。在Slack中，有一条红线显示哪些消息是新的，但我甚至都不知道这条线在哪里，除非有人帮我截图并放大。

因为很多工具没有考虑到易用性，所以有自己的改进方法和工作流程更加重要。我为工作和生活设置了不同的电子邮件地址，但它们都发到同一个电子邮箱。这帮助我将电子邮件分门别类，因为我可以对邮件进行过滤。

我会把来自不同发件人的邮件放在不同的类别中，而不是我们在Gmail中预先构建的类别，这对我没有效果。每当我开始与客户合作时，我都会为他们创建一个电子邮件收件箱，并将其移动到收件箱列表的顶部。

自动筛选可以确保我不会错过一些东西。如果我收到一封关于我申请过的工作的电子邮件，它就会进入我用于工作、面试和嘉宾演讲的收件箱。我每天都会查看几次那个收件箱，这样当有人想采访我时，就不会出现我在一周后才看到那封邀请邮件的情况。

远程工作意味着与我合作的团队没有机会误会我的性别。过去开始一份新工作时，我会说："这是我的性别代词，这是我希望你对我的称呼。"但确认我的性别对他们来说真的很难，因为他们能够看到你，知道你的性别，也知道该如何称呼你并跟你打交道。

如果有人在小组设置中误会了我的性别，我觉得最好通过私聊来解决。如果我们正在参加电话会议，我会给他们留言。有时不得不发电子邮件来提醒他们，因为我觉得这对我来说挺重要。如果仅通过聊天平台提醒他们，他们并不会重视。我尽量让这个问题的解决方式变得非常轻松和简短，让别人觉得它只是一种普及，而不是"你做了坏事，现在我要纠正你的错误"。更像是"我来确认一下，这不是代表我性别的人称代词"。

设计师的工作是考虑科技如何影响边缘人群，这些群体拥有自己的文化，而这种文化并不一定是由种族或地理来界定。我将包容也视作一种用户体验：我们需要将对话从"我们正在适应不同的文化"转变为"我们正在包容"。

要点总结

（1）你不需要回复每封电子邮件。回复电子邮件的时间取决于你的其他目标和任务需要的时间，为它们合理分配时间。

（2）自动筛选便于你看到最重要的电子邮件，并且不会因为收件箱爆满而错过关键电子邮件。使用"备用收件箱"和设置自己的邮件归属规则，以确保只有最重要的紧急邮件才能进入你的主收件箱。

（3）定时查看邮箱，确保你能迅速回复紧急、重要的电子邮件，然后按照优先级别处理其他电子邮件。

（4）撰写电子邮件时首先指出对方应采取的行动（并注意标明最后期限），然后介绍背景或补充信息。

（5）只把你的电子邮件发送给那些真正需要了解的人，并尽量不要单击"回复所有人"按钮。

（6）当你需要立即得到对方的答复，或无法通过其他方式引起他人的注意时，使用手机短信。

（7）将团队群聊平台视为团队的默认沟通形式，并尽可能地依赖公共渠道，以便你的信息对同事可见并可搜索。

（8）掌握企业使用的团队群聊平台的基础知识，并遵循公司制定的使用指南，会使你成为一名高效、受尊敬的同事。如果你们公司还没有自己的团队群聊平台使用指南，那么请让经理了解它的重要性，使它早日出台。

第14章

社交媒体：打造你的个人形象

作为一个远程企业，你也需要一个公众形象，当你远程工作时，这个形象主要是在网络上显示。为了加强你与外界的合作关系，最大限度地利用你的机会，在未来的职业发展中明确自己的定位，你需要一个网上形象，展示你的技能和专业技术，帮助你建立和维持人际关系，并提醒其他人，你是一个真正的活生生的人。

作为一个远程企业，你的社交媒体需要达到三个关键目的：

- **实时更新信息**。社交媒体有时候虽然会使信息泛滥，但它也有积极的一面：它能提供大量与每一个你想到的主题相关的实时信息。
- **建立人际关系**。当你离开传统的办公室时，社交媒体是你维持人际关系的最佳选择。我们将向你介绍如何关注社交媒体的质量，而不是数量。
- **分享专业知识**。社交媒体给了你一个与同事和外部世界分享你的知识和见解的途径，这有助于你建立自己的专业声誉。
- **赶走孤独**。在家办公可能会让你觉得孤独，如果你能合理地使用社交媒体，你便不会感到孤独。

这些优点看起来都很独特，但又彼此交织在一起。你关注的某位行业领军人物也许以后会在职场上与你打交道；你在社交媒体上分享的工作经验得到的关注和回复，会让你感觉你并不是一个人在孤军奋战。

因此，远程工作者可以将社交媒体作为一个集成系统进行处理。本章将向你展示如何通过分配自己花费在社交媒体上的时间、在社交媒体上发言，以及每周只花 3 小时在社交媒体上呈现自己的有效形象来建立这个集成系统。

> **定义社交媒体和社交网络**
>
> 人们总是花很多时间来争论"社交媒体"和"社交网络"的定义。本书对"社交媒体"的定义是指网站用户使用的任何在线平台，无论是博客网站（如 Medium）、照片或视频分享网站（如抖音、Instagram 或 YouTube），还是人们相互关注和联系的社交网络（如推特、领英或脸书）。正如这些例子所示，社交网络和其他类型的社交媒体之间的界限非常模糊，所以我们将之统一定义为"社交媒体"。

分配花在社交媒体上的时间

领英、推特、YouTube、Instagram 和脸书这样的社交平台是信息泛滥的元凶。找出你应该关注什么和忽略什么是你作为一个远程企业保持注意力集中的首要任务，并让你着眼于自己的长期发展。

▶ **管理社交媒体的原则**

要有效管理你的社交媒体需秉持以下三个关键原则：

● **不要追热点**。社交媒体平台和社交媒体的"网红"（拥有大量在线关注者的人）们不遗余力地让我们以为，我们得时时关注社交媒体的最新动态，无论这是否意味着加入最新的平台还是了解最新的流行语。社交媒体热点都是别人的关注点，如果你要将自己的时间和精力集中在实现自己目标的最重要的活动上，你就需要抵抗这种随大流的诱惑。

- **围绕着你的工作和目标来关注社交媒体。** 查看你今年或这个季度的具体目标，然后考察能帮助你实现这些目标的人、关系和信息，围绕你自己的首要任务和目标来使用你的社交媒体。（请参见"用列表来管理你的关注对象"部分。）
- **小心选择关注对象。** 关注那些能给你带来有用资讯和激励你的人，你花在网上的时间应该能促进你的个人成长，扩展你的思想，能让你时时充满斗志。你的社交媒体好友是你在网上工作时打交道的"成员"，你没有义务和那些信息落后、自我膨胀或者只是让你感觉糟糕的人保持联系。

▶ **用列表来管理你的关注对象**

社交网络的设计就是要将你的注意力从工作中的优先事项转移开，去关注那些你所使用的平台上突出呈现的信息或广告。[1] 为了抵制这种诱惑和操纵，问自己两个问题：哪些关注会帮助我实现工作上的目标？哪些紧急信息对我这个远程企业的业绩和增长至关重要？

回答这些问题会让你了解自己最喜欢的社交网络的方式，以便让你关注你想看到的人，而不是由社交网络决定你能看到什么。

在推特或脸书上，最简单的方法就是使用列表。在推特上，你可以有公开的或仅个人所见的不同账户列表，提醒你与这些关注对象的互动方式（例如，"激励"类、"支持"类或"推销"类）。你可以对你的脸书好友列表使用类似的方法；在脸书上，你关注的不同账号列表可以让你在发布自己的更新时，只对某些人可见。

---

[1] Nir Eyal, *Hooked: How to Build Habit-Forming Products*（New York: Penguin Business, 2014）.

第14章 社交媒体：打造你的个人形象

下面是一个列表管理示例。假设你是一名管理顾问，你想在你现在的经理和商业客户面前展示一个光彩照人的形象，同时你还想将工作重心向公共服务这个方向倾斜。那么公司主要高管就组成了你的"支持"类列表，以便你加强与这些重要人物的关系；而"学习"类列表中都是公共服务方面的学术专家，他们分享的资源能帮助你了解这个新领域；而"激励"类列表中都是商界各公共部门的领导人，他们能帮助你思考未来的职业道路。

一旦你设置了这些列表，你就可以每天或每周留出一些时间来查看每个列表。你不是只浏览推特主页，而是留出 30 分钟来查看"支持"列表，看看公司的高管和客户的想法；或者当下午你的精力下降时，花几分钟时间看看"学习"列表中各个专家的观点比在 Instagram 上闲逛更有用。

错误信息带来的风险

没有什么比分享甚至引用错误信息更能损害你这个远程企业的可信度了。但是错误信息在网上很猖獗，我们都很容易受到"确认偏见"的影响，即相信能证实我们已有信念的信息。在转发甚至内化任何你在网上读到的内容之前一定要先检查是否准确，以确保信息来源真实可靠。如果你关注的对象经常分享信息却又没有标明引用来源，或者你核查了他们分享的内容发现并不准确，那就取消关注。

▶ **赶走孤独**

这里有一些简单的习惯，可以让你睿智地利用社交媒体，而不是像患了强迫症一样不看不行：

- **使用计时器。**浏览社交媒体可以让你在工作之余得到很好的休息，帮助你在开始下一个任务前重新充满活力，或者减轻远程工作带来的孤独感。但是你会不由自主地浏览下去。可以使用计时器计时，提醒你在5~10分钟后回去工作。
- **将社交媒体从手机的主屏幕上移走。**如果它们不在那里诱惑着你，可能你会更容易克制诱惑。
- **使用家长控制设置。**你可以在你自己的手机或电脑上使用家长控制设置来限制你每天在社交媒体上花费的时间，或者在一天中的某些时候阻止你访问社交媒体。
- **不要让社交媒体成为你一天中的第一站或最后一站。**试着不让自己在醒来后的30~60分钟内查看社交媒体，也不要在睡前的一两个小时内看你的社交媒体。[1]
- **对于加谁为好友、关注谁或跟谁联系制定一套原则。**不管你使用哪个社交网络，最后都会得到无数的加好友或关注请求。对于在每个网络中跟谁加好友制定一套清晰的规则。例如，你可能只接受那些你认识的人在脸书上的加好友请求，或者你们至少要有5个共同的朋友；在领英上你可以决定只接受来自同事、客户或招聘人员的加好友请求。如果你收到的请求不符合这些规定，你可以以只与你直接合作过的人联络为由快速拒绝他们。只是要确信你的这个标准能同时拓宽你的眼界，而不是固化它：关注来自不同背景、年代或经历的人比关注数百个跟你长相（或思维方式）相似的人要有用得多。

---

[1] Lawrence Robinson and Melinda Smith, "Social Media and Mental Health", September 2020, https://www.helpguide.org/articles/mental-health/social-media-and-mental-health.htm.

表达自己

作为一个远程企业,你需要有一个清晰可见的价值主张,以及一块能让你的经理、同事和客户看到你的特殊优势和贡献的领地。你的社交媒体形象应该是这一价值主张的表达,所以即使你全部或大部分工作日都待在家里,大家也都记得你创造了什么。要建立这种形象,你需要定义自己的地盘(与人交流的主题)、媒介(文本、播客、照片等),以及你的语气(知性、有趣、幽默等)。

在人力资源、房地产或市场营销技术这样的庞大领域成为专家很难。更可行的办法是在两三个学科的交叉领域建立一个能干、可信的专业形象,或精通一两个领域再加上另一个领域的特殊技能。例如,不要把自己定位为小企业销售战略的专家,而是成为针对小企业经营者这类读者的最新销售策略书籍方面的专家;或者那些希望收入超过 500 万美元的小企业的销售策略的专家;或者你想成为直接面对消费者类初创公司销售策略方面的专家。

在做决定之前,看看是否有其他人已经开辟了你心中的地盘,并评估那些常见的网站(如热门的销售策略博客)是否已经满足了你希望填补的需求。一定要选择一个你能进入的细分市场:如果它真的很有趣,你更有可能保持一个稳定和有价值的形象。

当你选择在网上表达自己的媒介时——你可以使用多种媒介——要想想什么在你那个领域最有吸引力和你个人喜欢什么。也许你所在的那个领域最常见的媒介是视频,但如果你真的不喜欢拍照或编辑视频,你就需要通过其他途径来表达自己。同理,不管你有多喜欢写作,如果你所在领域的顶尖专家都在用 Instagram,你也要想办法通过照片来表达自己。

你可以(也许是应该)使用多个平台,一个比较好的原则是:选择一个平台,能让你深度表达自己(如博客、YouTube 频道或播客);选择至少一个社交媒体，用它来推广你发表深度见解的帖子，分享实时看法或发现，并与你所在领域的其他人或整个业界交流。

每个人都需要在领英有个最基本的账号，它就像一个时时更新的简历，这通常是新同事或潜在客户了解你的背景的首选。根据你的特定领域、目标或兴趣，你会发现使用推特、Instagram或脸书也是有用的（甚至是必要的）。

当你试图为自己在社交媒体上呈现的形象和发表的帖子定下基调时，将其想象为是在上班的第一天选择穿什么，你要让自己在看起来很专业的前提下表达自己的个性和品位。虽然你没有义务分享个人生活的每一个细节（披露过多信息会给你带来真正的专业和安全上的风险），但如果你让自己拥有一个整体形象，在网上树立一个强大、专业的形象就容易得多了。然而，如果你不想显得过于呆板、严肃，想在社交媒体的帖子中加入一些幽默或个人元素，也要小心不要过度。你的幽默一定不要涉及与性或种族有关的话题。即使在非商业社交网络资料中，个人信息也应该通过所谓的头版测试，即如果你的经理在明天报纸的头版读到你写的这篇文章你会感觉怎么样？

最后一点也很重要，在展示自己的个人形象时，不要表现得过于精明、目的性过强。在远程工作时，社交媒体不仅仅是让经理或同事关注你的一种方式，也是一种对抗孤独、在你与他人的互动中获得知识、创意，以及对情感有益的方式。

但如果你总是把社交网络与你的工作联系在一起，就不太能体验到这些益处。与其把社交媒体看作一个舞台，或者一个推广你的"个人品牌"的地方，倒不如把它看作美味的商务午餐。当然，你的同事也会在那里，你们可能会分享一些行业内的八卦、经验教训或专业见解。但你们也可能会聊一些私事，争论你们最喜欢的电视节目，谈论最新的政治头条新闻。这些都可以在社交媒体上进行讨论。

获得对你的社交媒体形象的反馈

如果你已经有了自己的社交媒体，无论是博客、推特，还是 Instagram，你都需要仔细查看现有的个人资料，以便了解它是否真的符合你的目标。这里有三个快速的方法，可以给你一个新的视角。这三个方法你可以尝试其中任意一个或全部：

（1）让一位你敬重的朋友或同事评价你呈现在社交媒体的形象，让他/她查看过去几周你发表或分享的帖子，对你有一个整体的感受。他们会如何描述他们在网上看到的那个人？他们认为你的社交媒体形象与他们对你事业和个人的了解相符吗？用他们的答案来确定你的网络形象是否像你希望的那样表达了你的想法、专业知识和个性。

（2）使用社交媒体分析工具来评估你的博客文章、推文或其他在线内容。被分享最多的是哪些帖子？引起讨论最多的又是哪些帖子？不妨根据主题、类型（指导类、个人轶事类、观点等）和基调对你的帖子进行分类。你可能会发现，回复数最多的主题或帖子与你喜欢发布或认为有价值的帖子并不一样。

（3）在社交媒体上选择一个参照对象，这个人在网上呈现的形象、人们对他/她的帖子的回应、他/她分享的内容都与你的目标一致。在接下来的几周内，模仿这个人的发布内容和他/她与其他人在线沟通的方式。几周或一个月后，评价这个新的你：你的语气或内容发生了什么变化，在此期间你对社交媒体的使用增加还是减少了？让你的答案告诉自己如何继续塑造自己的社交生活方式。

每周花 3 小时管理社交媒体

作为一名远程工作者,你每周只花 2~3 小时就可以营造一个深度、有趣的社交媒体形象。3 小时听起来似乎很多,但请记住,这是对你的专业资历的投资,并节省了你在其他方面付出的时间,如果你定期和其他人在社交媒体上交流,你可能不需要花那么多的时间在网络研讨会或行业期刊上。

如果你能善用工具,定期在社交媒体上发帖子就轻松多了:一个集中所有新闻来源的新闻阅读器(如 Feedly、Flipboard),以及一个可以管理多个社交媒体的应用(如 Buffer)。找到一个这样的应用,能让你安排发表帖子的时间顺序,这样你就可以一次性在 10~20 个社交媒体上发布更新。

深度使用技术工具——量身定制每日新闻

除了将现有新闻客户端添加到新闻阅读软件外,还可以以自定义谷歌新闻搜索的形式创建自己的新闻"来源",以便你看到本专业领域中的新闻,即使它们出现在你一般不会阅读的出版物或网站上。一旦你找到了可以给你带来相关新闻的搜索词,你便可以通过电子邮件或者你的新闻阅读器使用 Google Alerts 来订阅该搜索。

例如,一个想要成为直接面对顾客(direct-to-consumer,DTC)的销售专家的搜索关键词可能就是 DTC、sales(销售)、start – ups、startup、start-up(初创公司)。

如果你不希望这些根据这些词搜索到的文章塞满你的电子邮件收件箱,那就在网上查找通过 RSS 订阅谷歌新闻的详细说明。RSS(Really Simple Syndication,聚合内容)是一种数据格式，它能让使用者订阅多个博客或新闻搜索，这样你就可以用你的新闻阅读器随时随地浏览自己想看的各种新闻。

一旦有了新闻阅读器和多社交媒体管理应用，以下是你每周花两三个小时就可以完成的事情。

▶ **每周花 1 小时：浏览新闻，并建立本周待发帖子清单**

在这 1 个小时里，浏览你的新闻阅读器和社交网络，了解本专业领域内的最新新闻和观点。假如你是一位正在围绕直接面向消费者进行品牌细分的销售战略专家，你要浏览的就是与 DTC、初创企业或销售策略相关的新闻。你将在这里面找到值得注意的观点或者你想要分享的有趣故事，将这些观点和故事变成能够在社交媒体发表的更新并附上相关链接。你可能会依次发表下列推文或更新：

- 分享一个 DTC 品牌遇到了麻烦的新闻故事：如果你想了解为什么 DTC 品牌在扩张过程中经常出现收入低谷，一定要读读这篇文章。
- 也许大家没有意识到，不是所有的销售策略都跟大公司有关，如果你们还没有赚到 1 个亿，这种"天才"策略只会让你们彻底失败。（你分享了一个让你觉得很恼火的销售专栏，因为它只谈论大型全球性品牌。）
- 这个视频适合 DTC 品牌的首席营销官（CMO）观看。她简直是一个潜在顾客发掘天才，这个采访会告诉你为什么。（分享一个希望宣传自己的业务的 DTC 品牌首席营销官的采访。）

▶ **每周花 30~60 分钟：创建有思想深度的内容**

每一两周留出一些时间来充当一次所谓的"思想领袖"：分享一个原创的想法、故事或行动指南，使其对你所在领域的其他人有所启发。它可能是一篇简短的博客文章，可以是放在 Instagram 上的图片集、"推特风暴"（由一系列推文组成的文章或观点）、脸书直播、播客采访等，这主要取决于你选择什么作为媒介。

如果很难在一两个小时内创建这样的分享，记住只有多多练习才会使其变得容易，特别是如果你找到了一个最方便的格式（参阅下面的"成为意见领袖的 4 个起点"部分）。虽然你有感而发的帖子可能发布在不同媒体上并且形式各异，但最好为你每周的深度内容发文选择一个不变的平台和节奏——例如，周三早上的领英帖子或周日晚上的图片集。

成为意见领袖的 4 个起点

（1）**一篇有用的文章和一段你可以重复引用的金句。**引用相关的句子，然后写 2~3 个短段落（或项目符号），解释为什么它与特定领域或读者相关。

（2）**一篇让你觉得很恼火的文章的观点。**列出你想要反驳的 3~5 点，然后把它作为社交媒体文章、博客文章或推特发文的重点。

（3）**一个你觉得很有意思的人。**邀请他们加入你的播客或脸书现场访问。

（4）**每周都有一个你关注和评论的图片的主题。**例如，一系列在客户服务中出现沟通错误的商店的标志。

▶ **每天花 10~15 分钟：浏览并参与社交网络互动**

每天查看一两次你优先考虑发帖的社交网络。回复对你分享的内容发表评论的人（除非对方的回复惹恼了你，如果是这种情况，不要立即回复，先让自己冷静下来，让你信任的朋友或同事看过后再回复）。接下来，浏览你所关注的人或主题的最新更新；评论或重新分享一两个你觉得特别有趣或贴心的内容。这些实时帖子是你每周发帖的补充，能保证你的更新与当天发生的事情有关。

你不用每天都查看一遍每个社交平台，但如果是已经编辑了发布内容的平台，最好是在 24 小时之内查看。最有效的做法是每天在这些社交媒体上进行 2~3 次非常快速的"浏览"，但是只需要看看通知：主要是看是否有人对你发布的东西发表了评论，以及你是否需要回复他们。如果做这件事情让你不觉得很烦，而是每天都很热切期盼，你就会知道，自己找到了在社交媒体上能够游刃有余的诀窍。

来自远程工作者们的分享

道恩·迈尔斯（Dawn Myers）离开从事多年的法律行业，开创了自己的护发科技公司，社交媒体一直是她与自己的远程工作团队及品牌建立联系的关键工具。

我创立 The Most 公司是因为所有人都一直对我说："你一定要创立自己的护发品牌。"我不止一次地想我又不是美容公司的首席执行官。直到一天晚上我看到一个电视广告，给了我灵感，让我设计出 Most Mint——一个卷发护理产品。

10 个月后，我们变成了一个 10 人的团队。我们整个团队都是远程工作，因为我们分散在全国各地，从华盛顿到丹佛到迈阿密，甚至在英国。

我们不是一群不负责任的二十来岁的毛头小伙子，而是富有责任感的成年女性和年轻人。当你信任你的员工会有效完成自己的工作时，他们就有了很大的灵活度来履行自己的职责。我一直觉得，如果人们能将自己的工作和生活更好地无缝衔接，将会更有效率，我们的团队就是这样：我们玩耍的同时也在工作。我们希望避免每天工作16个小时的极端情况，但当你已经成功地让工作成为你生活的一部分时，这反而成了一个理想的状况：即使是工作都感觉像在玩耍。

这对我来说尤其有效，因为我是一个外向的内向性格人。我有一定的社交能力，但并不热衷于此，所以新冠疫情封城反而给了我获得成功的机会。出去喝咖啡或社交会占用我很大一部分时间，但现在我可以全天在Zoom上开会或交流。作为一家公司，我们已经能够实施很多重大举措，因为我现在可以整天通过网络处理问题。

我每天与首席营销官交谈累计能达4小时，但我从来没有面对面见过她。即使我们只花一两个小时在手机中谈工作，但我们一整天都在给彼此发短信。在当前由社交媒体、短信组成的时代，人与人之间的关系是由类似"你肯定不敢相信发生了什么"或"我觉得这个表情包你肯定会喜欢"这样的信息组成。这就是维系关系的方式。

我们用Instagram为品牌确立受众。在我们创造的这个世界里，卷发、非洲爆炸头和棕色皮肤受到重视，被认为是美的，被人们欣赏，与现实生活恰恰相反。我们在Instagram上建立了另一个世界，把那些特立独行的人吸引到了我们的世界里。

领英对我来说也很重要。我与一年前一样，但是由于经常使用领英，更多人知道了我在做什么，人们逐渐开始跟我热络起来，赞扬我，跟我联系或要求加入我们。他们开始承认我是这个领域的权威。这让我感觉不舒服但又不可避免，因为我要为自己的产品做宣传。

社交媒体是我生活中最重要的组成部分，因此难免会出现信息过量的问题。我的手指几乎已经形成了肌肉记忆，总想去推特上看看人们对我们的某个广告是否有反应。有些时候，我觉得要处理的信息太多，只想赶紧逃离。我会努力让自己在使用社交媒体的时候保持清醒，如果已经花了太长时间在那上面，就会强迫自己"退出"。

要点总结

（1）不要被社交媒体牵着鼻子走。相反，确定需要维持哪些关系来推进你的目标，并将你的社交媒体主要用于发展这些关系。

（2）基于你想要培养的不同类型的关系来分配你花费在不同社交媒体上的时间，并尽量减少网络算法对你使用社交媒体的影响。

（3）精心塑造你的社交媒体形象，可以涉及两个或三个有交集的领域，或者一到两个领域的交叉地带。

（4）选择一个你真正愿意在上面发帖子和参与交流的媒体和平台，因为你无法保持你的社交媒体形象的连贯性、一致性，除非它能够一直吸引你。

（5）每隔一两个星期，在你想要建立社交媒体形象的领域之一发表一篇有深度想法的文章或观点。

（6）确保你在社交媒体上发布的任何东西都能通过头版测试，如果是你的经理在明天报纸的头版上读到你发的这篇帖子你也不会觉得有什么问题。

（7）设置一个工具包和例行程序，每周按顺序发表一次帖子，然后每天快速检查，每周花不到 3 小时的时间就能很好地维护你的社交媒体形象。

（8）从朋友或同事那里获得他们对你的社交媒体形象的反馈，他们能给你客观的评价。

第 15 章

演讲：创造影响力

即使是最有才华、最有魅力的商业演讲者在通过视频或在网络研讨会上进行演讲时，也需要重新考虑自己的策略和风格。对远程工作者来说，视频演讲是展示自己的专业形象的一个重要组成部分。进行演讲时，你代表的是一个远程企业，就和你代表给你发工资的企业一样。

如果在小组或公众前演讲已经驾轻就熟，那你的这种能力到了线上依然有用，只不过你需要重新思考你的风格和方法。如果你对公众演讲完全陌生，我们将帮助你慢慢熟悉，并为你提供一套基本的方法，不管是线上还是线下都能够帮助到你。事实上，在远程工作的同时接触线上演讲反而能够培养你的演讲能力，你还不会因为看到观众走神或者昏昏欲睡而感到格外焦虑。

演讲过程可以划分为 3 个不同的阶段：筹划、准备和实施。本章将对此分别进行介绍，并重点关注线上演讲中遇到的特殊挑战。

为演讲作筹划

在为一个演讲进行筹划时，你需要回答 3 个问题：你的听众是谁？你的演讲目标是什么？你到底要做哪种类型的演讲？

关于你的听众

- **人数**。你将面对多大规模的听众？即使是线上演讲，这也很重要，因为它会影响你对讨论话题的选择。
- **构成**。你越了解听众的构成，你就越能更好地调整你的内容和基调。他们在什么行业或工作类型？他们对你的话题的兴趣点或痛点是什么？他们在企业中担任什么职位？
- **敏感话题**。了解是否有不适合讨论的敏感话题，如你不该提及的竞争对手。

▶ 关于目标

在大多数情况下，演讲目标可以归结为你希望听众学习一些新东西，思考不同的话题，或者感受到一些新的或不同的内容。你需要在与你的主持人或经理协商时选择这些目标：

- 希望这些听众**了解**到哪些对他们特别有用的具体信息或技能？例如，一个比较宏观的战略概念，一个重要的历史教训，或者是某种具体的策略。然而，如果你的演讲只与具体战术有关，试着把它与想法或感觉有关的更大目标联系起来，这样你的战术才能真正吸引听众。
- 希望如何改变或扩展听众对这个话题的看法，以便他们能从不同的角度**思考**问题？有时你应该为他们分享一些知识帮助他们巩固已有的认知，或者让他们相信现有的想法很棒。
- 希望听众在聆听/观看和离开会议室（线上）后有什么**感受**？你可能想让你的听众感到快乐、受到启发、充满活力、受到挑战、充满干劲，或者以上目标的集合。

你的目标很可能不止一个。例如，当艾莉克斯提到数据时，是因为她希望通过分享原始数据吸引别人对自己帖子和文章进行关注。

记住,与读一篇文章相比,人们在听一场演讲时能记住的内容有限。所以你需要把希望人们在演讲结束后能记住的关键点限制在3个以内。这些目标应该反映出你的主持人或听众要求你解决的问题,并能为你提供机会完美地展示你的专业知识。

▶ 关于格式

- **你需要做幻灯片吗?** 并不是每个演讲都需要幻灯片。
- **听众将如何参与其中?** 演讲结束后至少应该留几分钟给问答环节,看看你是否也可以在演讲中进行集中或分组讨论。
- **你有多长时间?** 确认分配给你的总时间,以及其中有多少时间留给问答环节。
- **你有什么支持措施?** 最理想的情况是至少有一个人帮你放幻灯片,解决电脑或者网络连接上可能遇到的问题,并实时掌握收到的问题。

准备演讲稿——起草演讲稿

适合20分钟内部演讲的技巧也许不适合50分钟的公开主题演讲,但一般从这3部分考虑整个演讲的结构是不会错的:

(1)**开场**。应该(利用幽默或个人故事)建立与听众情感上的连接,为你的演讲确立基调和结构(如"今天我将分享与企业安全意识有关的3个关键做法"),并让你的听众知道这次演讲将为他们带来什么。例如,"在接下来的20分钟内,我将展示我们团队最新开发的项目如何提高系统性能,并分享该项目为未来我们可能在性能上遇到的挑战提供了什么经验教训。"

（2）**主体**。应该传达你希望听众学习、思考或感受的内容。提供至少3个具有可操作性的见解或信息，通过趣闻轶事或视觉辅助工具给他们带来情感上的影响，并留在他们的记忆中；时不时地提醒听众已经讲到了哪个部分。

（3）**结尾**。应该反映你所涵盖的关键内容，并在最后给听众带来启发。

撰写结论万用法则

当艾莉克斯准备一篇演讲稿时，她使用了自己的丈夫、演讲稿撰写人罗伯·科廷汉姆（Rob Cottingham）创造的四步配方：

（1）**挑战**：总结你的演讲一直试图解决的问题。

（2）**呼吁**：邀请听众采取的行动。

（3）**步骤**：你的听众在采取行动时需要遵循一系列简单、具体的步骤。

（4）**奖励**：描述你的听众将会看到的积极变化。

将你的演讲稿大致分为以上3部分，会帮助你逐步充实演讲的内容，并最终实现你要达到的目标。问问自己：我希望听众收获的1~3个观点或见解是什么？我可以用什么个人趣闻、商业故事或历史史实来说明我的观点？图片应该在演讲的哪个部分进行阐释、提示或加深我的观点？

一旦你的这些问题找到了答案，就可以着手写演讲稿了。即使你一开始写的是文字稿，也可以将文本简化为要点，并让自己习惯用这种要点式笔记进行演讲——提示词越少、越短越好。你的目标是让自己的演讲听起来既生动又灵活，而不是像读剧本台词那样机械。

克服恐惧

如果只是准备演讲的想法已经让你像一只被汽车灯光吓呆了的小鹿一样瑟瑟发抖，不妨试试这个技巧：想象一下你今天必须发表这个演讲，而且是在5分钟内。

花5分钟时间快速记些笔记，然后对着自己（或一个你信任的朋友）即兴演讲。你不必做一个完整的演讲，但试着至少就手头的主题说5~10分钟，直到你无话可说，或者已经筋疲力尽。

然后坐下来，回忆你的演讲内容，找到任何你意识到需要回答的关于你的目标或格式的问题，或者任何你需要研究的、在演讲时未能涉及的空白。你可能会意识到自己的演讲准备得比想象中要好得多：你有自己的观点，需要的只是赋予演讲内容正确的结构和表达方式。

▶ 制作精美的幻灯片

还没有想清楚自己要说什么之前，不要急着制作幻灯片。如果使用得当，幻灯片可以帮助你锁定听众的注意力，让他们更容易一直跟随你的节奏，并通过幽默或冲击力很强的图片加深听众的印象。要发挥这些优势，你需要深入了解幻灯片在演讲中的功能，以及对你演讲设计的影响。

如果你的演讲本质上不注重视觉效果，也就是说，如果你没有特定的图表、照片或技术图表来传达要点——那么你在设计和编排幻灯片上就有了一些自由。你可以参阅"幻灯片制作通用法则"（见下文），或者你可能会使用一个具有强大暗示功能的隐喻，为你的整个幻灯片带来一些深度或幽默感。

> **制作幻灯片过程中常见的三个错误，以及如何避免**
>
> （1）**刻板印象**。如果你要在幻灯片中使用照片，它们应该反映听众、主题或行业的多样性，确保图片中能显示不同背景的人群，并且不会反映任何种族或性别的刻板印象。
>
> （2）**难看的幻灯片**。不要依赖 PowerPoint 中预加载的模板，而是自己找一个更高级的模板使用。有许多网站和在线市场，如 Creative Market，在那里你可以找到很好的模板，并为你的幻灯片购买插图。
>
> （3）**缺少提示**。如果说文字过多是线下演讲中最常见的错误，那么在网上演讲时文字过少就是错误。在线上演讲中，听众需要一点额外的帮助来记住整个演讲的结构和内容。可使用目录、章节标题和醒目的标题来吸引你的听众自始至终保持专注。

制作幻灯片时，请记住，每个幻灯片的修改或编辑都会让你的演讲与图像不同步，因此除非是必要的幻灯片，其他的可以删除。而且，并不是每一次演讲都需要用到幻灯片。

> **幻灯片制作通用法则**
>
> 这套法则适用于绝大多数的幻灯片制作，你可以将它设为默认格式，除非你想要表现更多细节或创意，或者你干脆不用幻灯片。

（1）**标题页**。包括演讲主题，活动名称，你的名字、推特账号，活动的推特标签（这样大家才会知道如何在推特上发布你的演讲，你也应该在接下来的每个幻灯片的页脚上显示你的推特账号和活动标签）。

［关闭幻灯片或在标题页后插入一张空白的幻灯片，这样人们就会看着你的脸，并在你分享一个故事或笑话作为演讲开头时与你产生共鸣。］

（2）**主题页**。用一个令人印象深刻的图片反映你的整个演讲主题，在你介绍主题时这种图片会加深听众的印象。

（3）**大纲页**。留一张只有文字的幻灯片，以简洁的形式列出幻灯片上的3~5个要点（每一行只需1~5个字，越少越好）。这是你幻灯片中文字最多的一页。

［在向听众作简单介绍后重新出现在摄像头前。］

大纲页中的每个要点，应该这样布局：

①**章节标题**。这一页上的标题应该与大纲中提及的章节标题一致。

②**主题页**。这张幻灯片的图片要提醒你的听众本次演讲的要点。

③**关键要点**。用1~3个要点简要总结你刚才所讲的内容。

［回答听众提出的问题后回到摄像头前，下一节也是如此操作。］

（4）**结论标题**。一张带有文字的幻灯片，附有能指向你的结论的关键问题或观点。

（5）**令人难忘的图片**。一个与主题高度适配、能反映你的结论或观点的图片。

（6）**致谢**。带有你姓名和联系方式的文字幻灯片。

▶ 如何吸引听众参与

人们很容易在听线上演讲时失去兴趣或走神。一个有效的听众参与计划可以让人们全程保持关注。

计划在演讲的不同时间点回答问题，方法之一是在每个主要部分之间停下来，邀请听众提问。在暂停期间，你可以询问那些有问题的人（许多应用程序中都有"举手"功能）。试着提前想象听众最可能会提的问题，设计好答案，但要意识到，你也可能会被问到一些你没有想过的问题。如果是这样，坦白你需要一些时间来思考（或查找）答案，或者回答根本不知道答案，也是完全可以接受的。稍后，你可以在推特上发布你的答案（附带活动标签），或者让你的主持人和与会者分享你的评论。

以下是三种让听众有效参与线上演讲的方法：

- **现场头脑风暴**。使用像 Miro 这样的虚拟白板或像 MindMeister 这样的思维导图协作工具，来了解听众的想法，将这些想法集中或联系在一起。
- **即时研讨会**。让虚拟会议室中的一个人分享一个与你的主题相关的问题，并邀请听众帮助找到解决方案。（为防止出现没有志愿者参与提问的情况，可以请主持人事先安排几个问题。）
- **问卷调查**。如果你的演讲平台包含问卷调查功能，那么快速做一个问卷调查是为你的演讲获得简单反馈的好方法。让人们回答一个投票问题，简短地在线讨论并达成共识，然后问是否有人能详细阐释他们的答案。

▶ 发表精彩的演讲

一旦你准备好了演讲大纲，准备好了幻灯片，设计好了听众参与的形式，就已经万事俱备了。但要记住：一定要练习！

排练

无论你有多讨厌排练,也至少要进行一次演练来检查整个流程,捕捉整个过程中你的任何停顿,并且把握好幻灯片翻页的快慢和节奏。

特别是如果你是演讲新手,你可能会发现找一个精通演讲的伙伴来帮你很有帮助:这就像是一对一的演讲大师课。你的伙伴是你在设计演讲的过程中给你建议的人,更重要的是,一旦你准备排练,他们就是你的听众和反馈者。

首先要打印出你的幻灯片和笔记——是的,在纸上!从你需要结束的时间开始反向回溯,标记你认为是演讲中 1/4、1/2 和 3/4 的地方,并明确你到达那个点的理论时间和实际时间。当你排练时,你会用这些标记来弄清楚你的演讲是长了还是短了,如果长了,你就可以设计一个游戏,让你可以缩短演讲几分钟,如果短了,可以添加一两个有趣的故事。

排练和演讲时,尽量站起来,这会让你充满活力,充分表达自己,从而吸引听众的注意力。

最后,花点时间测试线上演讲的保障情况。按照你计划在演讲当天使用的方式设置你的演讲空间,包括灯光、电脑电源和整洁的背景;看看它在屏幕上的样子,然后拍一些截图。使用演讲中会用到的软件进行平台和音频检查,以保证没有连接问题,并安排好紧急备份计划——即使只是交换电话号码这种小事。最重要的是,在演讲时为自己找一个安静的环境:找到一个安静的空间,让你可以不间断地说话。

你可能也需要提前考虑一下个人细节。找好要穿的衣服,确保它们在镜头前是整齐的。如果你的脸在光线下有反光,试着通过化妆来解决这个问题。男士们当然可以稍微擦点粉,如果你们经常在镜头前做演讲,你可能会发现化些淡妆是一个很好的投资。

一旦你完成了所有的准备工作，就可以在全模拟条件下进行最后一次演练。你对所有设置越熟悉，演讲过程就会越顺利。

> **用手机"作弊"**
>
> 如果你正在进行现场面对面的演讲，这个小技巧能帮你制造出你完全是在即兴演讲的错觉。将你的演讲笔记分成5~10个基本提示，每个提示不超过4个词语；然后把这些提示的字体放大，并转成截图。将屏幕截图保存到手机中，并将其设置为手机的锁定屏幕。如果你不知道讲到哪里了，需要一个提示，可以按下手机的Home键来唤醒手机，并快速查看你的笔记。但是从观众的角度看来，你只是在查看时间。

与听众建立连接

线上演讲中最具挑战性的部分，尤其是对那些习惯了现场演讲的人来说，就是看不到观众的反馈。当和一屋子的人交谈时，你可以通过他们的肢体语言感知你是否得到了他们的注意（这当然也可能有好有坏，取决于你的演讲到底进行得如何！）。

在线上演讲中，你需要琢磨出一些策略，让你能看到听众的反应，并在整个演讲过程中保持他们的参与度。如果听众人数较少，不妨让他们做自我介绍；如果听众人数较多，在演讲开始时就考虑设计某种形式的听众参与活动。即使你只是听到两三个不同的听众的反馈，也会让你打破对着空气说话的错觉，同时也能让你的听众感受到这是一种互动。当你在事先计划好的时间停下来提问时，给人们一点时间来做出反应。通常会有一两分钟令人尴尬的沉默。如果你没有收到任何提问，那就自己问一个问题。例如，如果你刚刚完成关于员工使用社交媒体的法律问题的演讲，并且没有人就你的演讲提出任何问题，你可能会问一个非常开放的热点问题，如"你对在工作日观察同事使用社交媒体的方式有过任何担心吗？"这应该会让你得到一些听众的反馈。

处理小故障

当你在进行线上演讲时，有可能会出现纰漏，即使之前做的计划是完美的。如果出现了这种情况，最好的办法是立即解决：暂停演讲，让播放幻灯片的人继续，或者给听众留一个问题思考，这样你便可以通过打电话寻求问题的解决方案，甚至通过电话重新连接。尤其是当你能优雅和幽默地处理突发状况时，这些颇有人情味的处理，以及技术上的失误只会让你更容易获得听众的共鸣，也会加强你的听众与你，以及听众彼此之间的连接，而这种连接只有在一个精彩的演讲中才能产生。

▶ 演讲的结束

优雅地结束演讲是你的演讲中的一个重要组成部分。除了真正结束演讲，你还需要优雅地感谢这个能与你的听众建立连接的机会。在听众退出之前感谢主持人的邀请，如果听众参与过，感谢他们见解深刻的问题和评论。如果你计划分享剩余问题的相关链接或答案，告诉人们如何，以及何时可以找到它们。例如，通过分享你的推特账号或博客网址。

然后在你的社交媒体上分享这个消息：你做了一个很棒的演讲！在推特、领英上发帖子或发布博客文章来分享你演讲中的一些观点以示庆祝。一定记得感谢你的主持人和听众，并将演讲的内容作为文章的焦点。你的一些观点很有用，所以你希望它能启发到尽可能多的人。

介绍自己的演讲，像发表演讲本身一样重视它，有助于你专业形象的塑造。

> **来自远程工作者们的分享**
> 伊罗·博加（Hiro Boga）是一位企业家和商务策划师，她已远程工作了十多年，主要是将自己的创新思维运用到线上培训中。

自我成年后的大部分时间里，我还没有一份工作是让我只能某个时间必须待在某个地方，别无选择——不，我的世界我做主。我爸爸做了一辈子的企业家，我从来没有想过我必须找一份工作，甚至想要找一份工作。

我出生在印度摆脱英国殖民统治、获得独立的两年后。1972年，当我来到北美时，越南战争刚刚结束，一切都显得那么混乱。我是一个有强烈自我内在结构的人。我发现，当我指导的企业家们陷入挣扎时，往往是因为他们试图将一种外部结构强加给自己内在的自然工作方式，而不是顺应自己的内在结构以支撑自己的价值观和独特的工作方式。

2007年，我的业务转到线上之前，我翻修了一个废弃多年的旧矿井救援站，把它作为我的企业总部。彼时我遇到的最大挑战是重新启动我的团队创业项目。

我的课程具有高度的经验性，我多年来的经验和创业过程都离不开大家一起在一个房间里工作。线上办公时，我一直试图重现人与人面对面工作时的工作深度，但不得不放弃，并意识到在线工作是一种完全不同的企业文化。我不得不相信每个人都有能力跟随自己的想法和节奏工作，并且管理自己的学习。

在网上大家对我们的企业一直有一种误解：以为参与者的注意力都集中在我身上，而不是每个人本身。这是一种非常的"太阳系"思维方式，在旧式的企业文化中很常见，通常那里会有一个像太阳似的领袖，所有工作多以他为中心，就像轨道上的行星绕着太阳转一样。当我意识到这一点后，我改变了我们的组织结构，使用小组来保持人们之间的联系和接触。这种工作方式更像是星系：每个人都是一颗具有独特引力场的恒星，但也是一个庞大系统的一部分，这个系统能协调恒星之间的关系，防止它们发生碰撞。

之后，我每年提供几次私人的、面对面的静修计划，但几年就停止了。我感觉我无法再继续下去了。我感到了自己从事创造性工作所需的精力与真正为客户服务所需的精力之间发生了冲突。我一直在努力保持两者之间的平衡，因为我不会接受超过自己精力之外的工作。

随着年龄的增长，我开始放慢脚步，并尝试在工作之余留给自己更多的空间和时间，这个节奏让我感觉很舒服。今年的最后一个季度，我重新安排了自己的日程，每隔一周与客户一起工作，第二周可以做自己喜欢的艺术工作。跟客户一起工作使我很高兴，而做自己喜欢的事情也让我很开心。

当前的人生阶段正召唤我去做其他的事情。我到了从心所欲而不逾矩的阶段，我有很多的书想写，有很多的艺术作品想要创造。

要点总结

（1）一个有效的演讲需要考虑到你的听众，以及合理的演讲结构。

（2）要明确你的演讲目标：你希望在演讲中让听众学习、思考或感受的是什么？

（3）演讲应该有一个能让你在几分钟之内与观众建立情感上的连接的开头，一个能呼吁听众采取明确行动的结尾。

（4）将重点放在你希望听众能记住的不超过3个的想法或观点，它们也是你演讲的目标，应围绕这几个关键点起草你的演讲稿。

（5）将演讲要点打印在纸上，并根据需要调整演讲时间。

（6）使用幻灯片锁定听众的注意力，因为他们有不同的学习习惯，但避免使用过多幻灯片或过多文字。

（7）在演讲中加入一些吸引听众参与的元素，包括暂停演讲请听众提问，以使他们能一直保持注意力。

（8）演讲前进行排练，并且检查各种设置，这样在演讲当天你才能对演讲本身以及与听众互动的方式充满信心。

（9）使用社交媒体与观众分享相关链接，获得反馈，并分享你从演讲中得到的启示。

第六部分
在远程工作中收获成功

现在你已经看到了像一个企业一样思考如何能帮助你在远程办公中获得成功。你学会了提高工作效率的关键策略，发现了远程工作时让一切井然有序的秘诀，并磨炼了帮助你作为一个远程工作者高效工作和沟通的核心技能。无论你将来远程办公的时间是长还是短，我们都坚信这些策略和技能将在未来几年内继续为你服务。

但如果一切改变了呢（而且它们肯定会）？毕竟，我们是在由全球流行的新冠疫情改变远程工作规则的背景下写这本书的，我们相信，当疫情结束我们回到工作场所后，这些规则将会再次被修订。遗憾的是，那些要求我们在家办公的企业领导者们无法预测远程办公的未来。其实，不需要这种预测能力我们也能预见人们的工作方式将发生变化，只是我们现在还无法预测改变的方式。

在本书的最后一部分，我们认为，不久的将来人们可以选择将远程和现场办公结合起来。事实上，一些企业已经想出了一个聪明的办法，让员工轮流到公司上班，这样他们既能在办公室彼此合作，又能在家独自不受干扰地工作。我们称这种混合模式为黄金组合模式，这样员工在家工作的时间既不太多也不太少。

最后，我们列出了像一家企业思考的模式为你和你的经理或客户带来的好处——创造一个双赢的局面。我们邀请你成为第一代远程工作者的一员，你们将建立黄金组合模式的新规范和远程企业的新文化。

第 16 章

黄金组合模式

本章展示了如何设计一个特别适合你的工作和生活的黄金组合模式：一个结合在家和在办公室办公的模式。我们将首先解释为什么黄金组合模式会成为在未来几年的主要工作方式。然后我们将提出 10 个在家工作的理由和 10 个在办公室工作的理由，这样你就可以构思出最适合你的混合模式。最后，我们将讨论随着时间的推移，根据你自己的个性，以及你的个人和职业价值观提高自己远程工作能力的不同方式。

当你读到本章时，你已经有了远程工作所需的知识和技能。现在让我们展望一下未来的办公方式将是什么样的。

不断变化的工作场所

远程工作对你的企业或客户不一定是必选项。毕竟，除非是因为疫情之中不得已，很少有企业会完全实行远程办公。

相反，许多远程工作者会至少在办公室工作一段时间，许多企业也将部分实行远程办公。一旦一个企业有了多个办公地点，它就应开始因员工分散办公带来的挑战而做出调整：建立连接不同城市的员工的团队群聊平台；开通覆盖几个会议室的视频会议系统；组织适应不同时区的会议。一旦你们有了跨多个公司办公的团队，那么接纳远程办公只是时间的问题。

我们将这种家庭和办公室结合的方式称为黄金组合模式,在这种模式中,每个员工在家办公的时间刚刚好。它也为企业提供了最好的两种工作模式:既通过允许员工在家工作来节省成本,也保留了办公室工作带来的协调能力和创造力。提供这两种组合的企业,不论是哪天,都有些员工在家办公,也有人在办公室办公,这将是未来几年的主要工作方式。

而你作为一个远程工作者,黄金组合模式对你的成功和提高工作效率也有重大影响。如果你所在的企业采用了这种混合模式,有某些类型的工作需要你去办公室完成,这反过来又促使了你思考如何在远程工作中达到最佳状态。如果你能根据自己的工作需求及个人情况在办公室工作和在家办公之间达成平衡,无论在哪里办公你都能更有效率。

为什么使用黄金组合模式

当你梦想有一天既可以远程工作,也可以在办公室工作时,有很多人跟你拥有同样的梦想。很少有专业人士愿意整天待在办公室里。在民意调查公司 Maru/Blue 为我们进行的一项调查中,2/3 的受访者表示,他们希望至少有部分时间在家工作。接受过大学或研究生教育的受访者对远程工作的偏好更为明显,只有 22% 的人说他们想全程在办公室工作。另外,也只有 34% 的受访者希望全程在家工作。而在不同人群中调查得到的结果都是一致的。

我们的调查证实了在其他研究中发现的情况:IBM 对多家公司共 25 000 名员工的调查发现,75% 的人表示他们至少有部分时间在家工作。[1]一

---

[1] Jessica Snouwaert, "54% of Adults Want to Work Remotely Most of the Time after the Pandemic, According to a New Study from IBM", *Business Insider*, May 5, 2020, https://www.businessinsider.com/54-percent-adults-want-mainly-work-remote-after-pandemic-study-2020-5.

项来自 Global Workplace Analytics 的分析发现，1/3 的员工为了能获得有远程工作的机会而换工作，超过 1/3 的员工愿意降薪 5% 来换取这一机会。[①] Slack 在 2020 年对 9 000 名知识工作者进行了调查，发现在 6 个不同的国家，65%~77% 的工作者表达了对这种混合模式的偏爱。[②]

事实证明，大多数人都想要这种黄金组合模式：在家办公的时间既不多，也不少。但是，正如斯坦福大学经济学家尼古拉斯·布鲁姆（Nicholas Bloom）2019 年对 2 500 名美国职业工人的调查中发现的那样，每个人对黄金组合的定义都不尽相同（见图 16.1）。在 80% 的表示至少愿意远程工作一段时间的被调查者中，1/4 的人表示他们只愿意在家工作很少时间，近 1/3 的人表示希望全程在家工作。其余的人中，有近一半即将进行远程工作，他们对于更喜欢每周 1、2、3 或 4 天在家工作也存在分歧。[③]

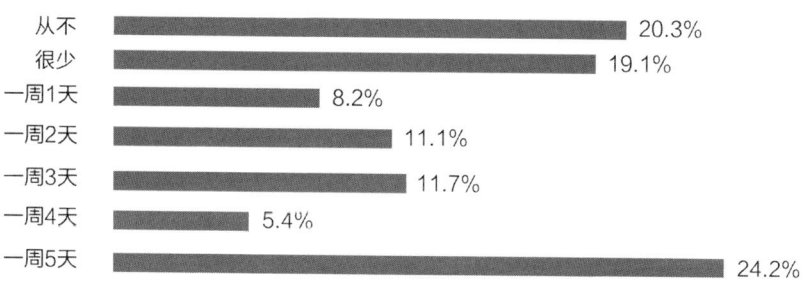

图16.1　不同人对黄金组合的定义

---

① "Latest Work-at-Home/Telecommuting/Mobile Work/Remote Work Statistics", Global Workplace Analytics, October 10, 2020, https://globalworkplaceanalytics.com/telecommuting-statistics.
② "Moving beyond Remote: Workplace Transformation in the Wake of Covid-19", Slack, October 7, 2020, https://slack.com/intl/en-ca/blog/collaboration/work place-transformation-in-the-wake-of-covid-19.
③ Nicholas Bloom, "How Working from Home Works Out", Stanford Institute for Economic Policy Research, Stanford University, June 2020, https://siepr.stanford.edu/sites/default/files/publications/PolicyBrief-June2020.pdf.

然而，根据 Global Workplace Analytics 的数据，只有 56% 的美国员工从事的工作容许远程工作，因为许多工作涉及客户联系或体力工作，需要员工去现场办公。① 事实上，新冠疫情对美国有色人种影响大得多的原因之一就是黑人和拉丁裔不太可能从事远程工作，相反，他们从事的是更有可能与公众持续接触并存在更大接触风险的工种。② 当有色人种的员工可以选择远程工作时，这也可能是喜忧参半——可能使职场更加公平，但也可能使他们被忽视或进一步被边缘化。③

企业主应该灵活和创造性地将远程工作和办公室工作相结合，这样他们的员工就能够为每个人、每项工作和团队找到合适的组合。正如经济学家布鲁姆所说："没有人应该被迫全程在家工作，也没有人应该被迫全程在办公室工作。"选择权是关键：让员工选择自己的时间表，并随着看法的发展而改变。④

但是正确的选择是什么？远程工作和在办公室办公如何结合才能对你和老板最有效呢？要回答这个问题，你需要彻底思考你在家里做得最好的是什么，以及你在办公室里做得最好的是什么。

---

① "How Many People Could Work-from-Home", Global Workplace Analytics, June 8, 2020, https://globalworkplaceanalytics.com/how-many-people-could-work-from-home.
② "Ability to Work from Home: Evidence from Two Surveys and Implications for the Labor Market in the COVID-19 Pandemic", Monthly Labor Review, US Bureau of Labor Statistics, June 1, 2020, https://www.bls.gov/opub/mlr/2020/article/ability-to-work-from-home.htm; ReNika Moore, "If COVID-19 Doesn't Discriminate, Then Why Are Black People Dying at Higher Rates?," American Civil Liberties Union, April 8, 2020, https://www.aclu.org/news/racial-justice/if-covid-19-doesnt-discriminate-then-why-are-black-people-dying-at-higher-rates/.
③ Nelson D. Schwartz, "Working from Home Poses Hurdles for Employees of Color", *New York Times*, September 6, 2020, https://www.nytimes.com/2020/09/06/business/economy/working-from-home-diversity.html.
④ Nicholas Bloom, "How Working from Home Works Out", Stanford Institute for Economic Policy Research, Stanford University, June 2020, https://siepr.stanford.edu/sites/default/files/publications/PolicyBrief-June2020.pdf.

设计你的黄金组合模式

如果你所在的企业允许采用混合办公模式，那么你也许能够做到鱼与熊掌兼得。事实上，我们为有效开展远程业务而制定的大多数战略也将帮助你更有效地利用你在办公室的时间。

但这种情况不会自动发生，你应该努力思考如何实现这个黄金组合。这意味着你要考虑哪部分的工作最好在办公室完成，哪部分工作在家里或非现场完成会更好。一般来说，你会发现在办公室的时间有利于你工作中的协作和处理人际关系，而远程工作的时间则有利于开展需要集中注意力的工作。但是，这个规则也有很多例外，因此你需要查看你的目标、项目和任务类型来找出正确的平衡。

做好心理准备，每一两年你也许会就两种办公方式的组合和时间进行调整。如果你的黄金组合模式是适合你优先工作的任务类型，以及你的职业关系和你的家庭或你自己的个人生活，它就会是最有效的。只要其中一项发生了变化，就是重新评估的时候了。

这意味着要分别思考你在办公室里工作一天或远程工作一天的具体好处，无论是在家里，在你最喜欢的咖啡馆，还是在共同工作场所。这些优点和缺点将部分取决于你的偏好，部分取决于你的经理或客户的偏好。为了帮助你评估你的情况，我们列出了在办公室工作或远程工作中最常见的好处。

去办公室工作的 10 个理由

（1）**协调合作**。在办公室你能更好地协调处理你的工作。如果你的工作中有很大一部分需要与其他人协调合作，那么你在办公室的时间就该比在家里多，因为当你提出想法、与同事聊天时，合作更容易实现。如果要与同事和合作者进行这种互动，那么你将能够最大化地利用待在办公室里的时间。

（2）**基础设施**。如果你的工作需要用到特殊设备，如 3D 扫描仪或打印机、功能强大的电脑主机或实验室设备，只要需要这些设备时，你就得去办公室。

（3）**专业知识**。能接触到合适的人员至少和能使用到合适的设备一样重要，无论你需要的是技术上的支持，还是如何处理客户数据或在新财务管理系统中的培训建议。与专家亲自见面通常会更容易或效率更高。

（4）**项目启动**。根据经验，当你开始与客户或同事合作时，无论是第一次会面，还是开始新项目，与他们面对面见面都很有必要。你们可以面对面地交谈，建立一段友好的关系。一旦建立起了个人联系，你们就可以使用手机或电子邮件进行后续交流。例如，就可交付成果达成一致及评估最终结果。

（5）**巩固关系**。在启动了项目后，也要在整个项目中继续进行面对面交流。在你直接与经理或客户合作时，这一点尤其重要。总的来说，你们见面次数越多，你们的工作关系就越牢固。

（6）**一对一交流**。尽量与你的经理和你的直属上司定期一对一交流。即使你很少在办公室，你也可以通过电话或视频签到，每年要有两到三次的面对面会谈，这会对你的职场人际关系和晋升机会产生很大的影响。

（7）**企业文化**。定期在办公室办公对接受企业文化的熏陶至关重要：只有在办公室工作一段时间，你才能了解这些企业里流传的小笑话和传统、什么是忠诚感和对立、哪些成绩会得到嘉许，以及绝对不能踏入的禁忌地带。如果你是一名新员工，最好多花点时间在办公室，等充分了解了企业内的文化后再尝试远程工作。

（8）**错失恐惧症**。错失恐惧症（Fear of Missing Out，FOMO，指那种总在担心失去或错过什么的焦虑心情，也称"局外人困境"）不仅仅是一种焦虑症，有时在家办公确实会让你错过一些信息。除非你定期去办公室开会，否则你可能会错过各种各样的资讯。至少，你可以与你的团队定期通话，这样你的工作就能支持到你的企业当前的优先项目。

（9）**社交往来**。在办公室的工作会减少你独自待在家里的时间。经常见到同事，比你通过电话、视频会议或者短信与他们交谈能让你有更强的归属感。

（10）**项目推进**。如果你发现远程工作会导致工作停滞，不妨去办公室待上几天，让自己重新充电。

自由职业者的黄金组合模式

黄金组合模式既适用于企业员工，也同样适用于自由职业者。如果你是个体经营者，你同样需要考虑去现场联系客户、顾客或供应商。即使你的业务完全不需要面对面交流，你也要考虑在共同工作空间工作几天，或与朋友一起办公，这样你也可以获得协同合作和基础设施上的便利。

远程工作的10个理由

（1）**集中注意力**。离开办公室工作的首要原因也是远程工作的首要优势，即你可以在不受打扰的情况下独自工作。根据加州大学欧文分校的一项研究，[1] 在办公室工作的员工平均每11分钟会被打断一次，他们需要25分钟才能回到工作中。如果你在办公室里没有自己的房间，被打断的风险尤其高。所以根据你是要专注还是要协作工作的需求来平衡你在办公室工作和远程工作的时间。

（2）**获得灵感**。这与你的性格和家庭工作环境有关，你可能会发

---

[1] Jeremy Boudinet, "Working from Home vs. Working in an Office: Pros & Cons", Nextiva Blog, August 20, 2020, https://www.nextiva.com/blog/working-from-home-vs-office.html.

现远程工作时更容易进行创造性思考，尤其是你从事需要灵感的设计工作时。

（3）**单调乏味的任务**。将你积压了一段时间的不需要耗费脑力的任务放在家里完成，如整理文件或报销差旅费。这样你就能坐在舒服的沙发上完成一堆乏味的工作。

（4）**包容性**。当2~3个人坐在会议室里，另外还有3~4个人从别的地方通过电话入会时，就会造成一种不平衡，使得会议室的几个人成为会议的核心，而线上的其他参会者必须努力参与进来。在这种情况下，让每个人都用自己的电脑或电话参会更有包容性，也更有效率，这意味着你可以待在家里。

（5）**不同时区**。如果你的同事的工作时间和你自己的几乎没有重叠，远程工作可以让你更容易调整自己的日程安排和预定会议时间。也许你想在与印度团队开会的时候在家工作，然后你可以在早上6点开始工作，在下午2~3点前结束工作，就可以去接孩子放学了。

（6）**无须通勤**。如果你的通勤时间很长，遇到很紧急的工作，不能浪费时间或精力时，在家工作是最好的选择。

（7）**家庭原因**。如果你要照顾孩子或其他家庭成员（如需要你帮助的年迈父母），这绝对是你考虑在家工作的原因之一。在需要接送孩子或照顾家人的时间选择在家工作。同理，在孩子因为课外活动回家晚的时间内就可以在办公室工作。

（8）**清静的环境**。办公室的一切会给你带来一定感官上的刺激，无论是开放式办公室的噪声，还是荧光灯的炫目，或者穿正装让你感到的不适。当你穿着最舒适的运动裤在家度过一天时，这会减轻你感官上的负担，从而更高效地工作。

（9）**整体时间安排**。远程工作时你可以有时间处理私事，时间安排更加紧凑（你可以在水管工在你家进行修理的同时继续准备演讲）；还能减少在路上来回奔波的时间（例如，如果你的牙医离你家更近而不是离办公室更近）。

（10）**给身体充电**。远程工作时你就有时间早起去散步，为自己制作更健康的晚餐，或者中午时冥想休息。

> **远程办公策略——有更多的时间待在家里**
>
> 　　如果你的黄金组合模式是每周在家办公两三天，你就需要向你的经理据理力争。从我们列出的"远程工作的10个理由"开始，以此为框架做一个实验，标明如果你有更多时间在家办公，能额外完成哪些工作。例如，你想把你的通勤时间转换为工作时间，在需要集中注意力的项目上更好、更深入地工作（具体说明哪些），或与其他时区的客户和同事更有效地协同合作。
>
> 　　指出这种方法所节省的成本：你和其他员工现在可以轮流使用同一个工作区。为了表明你会持续与同事的友好关系，制定一个时间表，你会依此来办公室参加团队会议和一对一会谈。

▶ **制定时间表**

除了你想在办公室工作多长时间之外，你还应该考虑一下你为你个人的黄金组合模式制定的具体时间表。理性地选择你在办公室工作的时间，可以确保你能从中获得更大的价值，并为你的远程工作争取更多的自由度。以下是你需要考虑的问题。

- **一致性**。如果你是团队的一员，认真制定你的办公室工作时间表，以便你能充分利用与你关系最亲近的同事和合作者，以及与你的经理和客户建立联系的机会。在一个按固定的时间表由不同员工轮流在办公室办公的企业里，你的团队的目标应该是大家在同一天在办公室上班。如果你的办公室对不同团队没有固定的时间表，试着跟同事沟通你们面对面协作和头脑风暴的时间。

- **新的项目和团队关系建立**。当你开始一个新项目时，试着安排几天甚至几周让整个团队一起在办公室工作。在此期间大家可以共进午餐，至少偶尔下班后聚一聚。
- **时间选择**。如果你每周有远程工作日，不要把它们同时放在周一和周五，选其中一天最好。如果你只在周中在办公室工作，你远程工作的时间看起来更像是一系列的周末。
- **调整工作时间**。如果减少通勤时间是你希望远程工作的一个主要因素，那么可以考虑跟经理谈判调整上班时间，如在办公室工作的时间是早上10点到下午6点，或早上7点到下午3点，或其他一些不常规的时间，这样你就能错过早、晚高峰。
- **周期性调整**。如果你通常在周一、周三和周五在办公室工作，这并不意味着一年52周你要一直这样下去。灵活进行调整，以便你能享受季节性的户外工作日，或减少雪天通勤的次数。
- **打个照面**。来办公室不需要待上一整天。通过参加一个重要会议在办公室露个面，然后回家或者去你最喜欢的合作工作空间也是完全可以的。事实上，这样做很聪明，如果要求你本应在家办公的日子来办公室开会，这会让你的经理和同事明白，他们不能通过在日程表上安排一个重要会议来强迫你来办公室。（如果总是出现这种情况，也许你需要跟经理重新协商你的黄金组合模式，以便将必须参加的会议放在你在办公室工作的时间。）
- **更少来办公室上班，完成更多工作**。你可能不需要固定每周在办公室工作的天数。根据你离办公室的距离和你的工作性质，你可能会发现大部分时间远程工作、偶尔去公司上班反而让你更高效。

当你回顾在办公室工作与远程工作的相对好处时，你也许会发现你的一些目标、项目和任务确实需要你在办公室待更多时间，而另一些则受益于远程工作。想要在这两种选择之间找到平衡，需要你回到自己规划的目标和优先事项清单上（见第 4 章），同时也考虑经理或客户的目标（见图 16.2）。

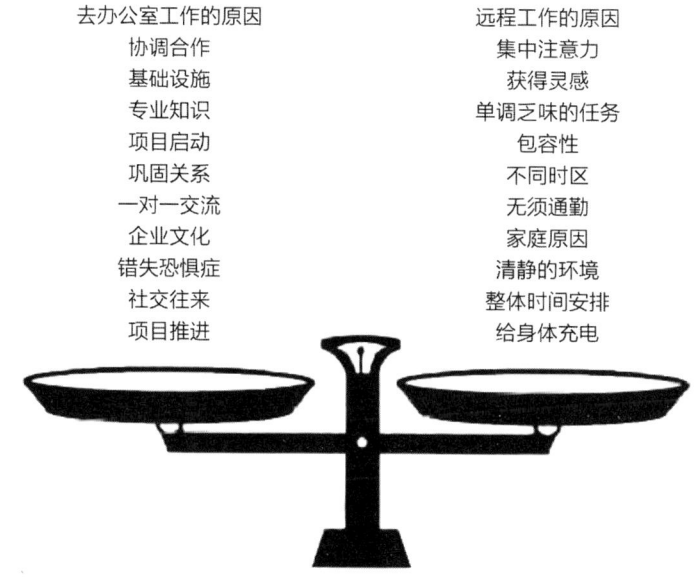

图 16.2　在办公室工作和远程工作之间寻找平衡

你的高优先级目标主要与你在办公室完成的任务有关吗？还是在家里能更好地完成有关项目？让这个答案帮你在远程工作和在办公室工作

之间找到某种平衡，就像你考虑你的直觉偏好或家庭任务分配一样。最后，你只有在你不断推进你的首要目标和项目时才会成功，所以你需要把你的业务放到你可以最有效地完成工作的地方。

你的远程工作愿景

作为一个远程企业，你的最终目的是创造你真正想要的事业和生活。所以，除了考虑如何平衡远程工作和在办公室工作的时间来实现你的成功，你还应该想想如何利用你的成功来实现家庭和远程工作之间的平衡，让你真正得到快乐和满足。

你首先需要做出一些关于你是否以及你想要多少远程工作的基本决定。由于你已经完整阅读了这本关于远程工作的书，我们假设你至少有部分时间想要远程工作。但即使你知道你至少有些时间想要远程工作，你可能仍然需要重新思考你要花多少时间在家工作，或者这些时间如何分配。在考虑这个问题时，需要纳入以下两个关键因素，以便你能够畅想在未来10年左右，你将如何远程工作。

首先，你的性格决定了你的远程工作是否能持续发展，以及得到回报的可能性。正如许多组织心理学家发现的那样，并不是每个人都适合远程工作。某些人格类型似乎更能适应远程工作的孤独和独立性，如具有高度情感稳定性和高度自主性的人[1]，因为他们对人际关系的需求较低，并且能够承受独自工作带来的压力。但是，如果高度外向的人的亲和力足够高，他们也能在远程工作中取得成功，因为他们能形成广泛的

---

[1] Sara Jansen Perry, Cristina Rubino, and Emily M. Hunter, "Stress in Remote Work: Two Studies Testing the Demand-Control-Person Model", *European Journal of Work and Organizational Psychology* 27, no.5（2018）, 577–93, https: //doi.org/10.1080/1359432X.2018.1487402.

社会关系，以弥补他们在远程工作中失去的人际交往机会。①

其次，你的个人价值观也决定了你愿意放弃哪些东西，只为实现家庭和办公室之间最完美的平衡。你是在努力让你的收入、你的成就、你的空闲时间其中的某一项最大化呢？还是试图让它们中的一些组合实现最大化？远程工作可以提高或降低工作成本，这取决于你想节省衣服干洗费用，还是愿意在办公设备上进行投入。关键是，你要考虑到远程工作的所有成本、收益和税收优惠，而不是只考虑总收入、总支出或净收入。你对别人的影响可能取决于你在远程工作中与别人的互动和反馈。你在远程工作中获得的满足感将取决于你是否重视工作场所的互动，以及你是否能从独自工作中获得享受。

所有这些考虑因素都可能会随着时间的推移而改变。如果你有小孩，也许你想在家工作（或者也许你想每天8个小时都出门在外，把那些烦心的事留给你的伴侣、你的保姆或托儿所）。如果你渴望旅行的自由，也许你可以转向从事在任何地方都可以做的远程工作来当几年"游牧民族"。如果你的年龄已届退休却又没有养老金，及时转向自主创业，创建一个蒸蒸日上的咨询公司，可能会为你提供延长收入年限的机会。

重要的是，对远程工作没有一个单一的答案，任何人都是。曾经对你有用的东西可能会在你的生活和职业生涯中发生很大的变化。

黄金组合模式不仅仅是某个企业中在办公室工作和远程工作之间的平衡，或者你在职业生涯的任何一个阶段远程工作或在办公室工作之间的平衡。它是一个终身愿景，帮助你平衡或重新平衡远程工作和在办公室工作，让你不断地完善和改进自己。

---

① Thomas A. O'Neill, Laura A. Hambley and Gina S. Chatellier, "Cyberslacking, Engagement, and Personality in Distributed Work Environments", *Computers in Human Behavior* 40（November 2014），152–60，https://doi.org/10.1016/j.chb.2014.08.005.

> **来自远程工作者们的分享**
>
> 作为 LPL Financial 公司的副总裁、首席财务官，纳基塔·诺曼（Nakeita Norman）为全美所有金融顾问提供金融和战略业务支持，这让她对如何将面对面交流与远程工作相结合有了独特的看法。

我一直有很多远程工作的机会，如果我有很多事情需要做，就会利用这些机会每月在家工作一次。当我的祖父去世时，我可以去亚特兰大参加他的葬礼并在当地工作，因为我们公司就是为了让人们远程工作而设立的。

然而，这和每天都远程工作还是有很大的不同。由于这次新冠疫情，大约 93% 的 LPL 业务现在已经完全转向远程了。

有时，人们会把在家工作的环境理想化，他们认为这是让你可以专注工作的灵丹妙药。

但在家工作其实需要更多的自律。你必须很认真地设定一个时间表，界限分明，自己分配时间。因为看不到大家什么时候下班回家，很容易就忙得完全忘了时间。

当我们决定远程办公时，我只有一个月的时间来组织我的团队。因为与我们合作的顾问在线上办公方面需要更多的帮助，我们不得不加快进度。我们的工作量急剧增加，所以我的工作效率也大幅度提升。我的日程表上的会议安排几乎爆满。

即使你没有安排好自己工作的先后顺序，别人也会无形中帮你做到。2019 年，我每个月都在出差。现在我的日程表上没有那么多大块的时间可以出差了，只要在两次会议之间有那么一点时间，就可能会有人在网上编辑了我的日程表，把那段时间占了要跟我会谈。我每天大概开 3~4 个会，甚至 6~9 个。

我告诉自己，必须在日程表上留出一些时间来。现在我会把某些天设置成"零会议"，这样我就可以完成自己的工作。

我绝对赞成这种"办公室＋在线"的混合模式。新冠疫情蔓延时，我不想去一个我害怕会有病毒传播的办公室工作，而且在家工作时更容易进入工作状态，因为没有人会打扰我。但没有什么能取代看到其他人并与他们产生情感连接的能力。如果可以选择，我会花一半时间在家工作，另一半时间在办公室工作，甚至70%的时间在家工作，30%的时间在办公室工作。我也希望能够与同事们近距离交流，而不是一直在家工作。

我团队里的每个人也都更喜欢这种混合模式。传统上，我们每年都要去每个顾问的营业场地拜访。这样我们就能对他们的经营方式进行实地考察，看看哪些方面做得很好，哪些地方可以改进。这就像是律师在做实地调查：我可以跟你聊一整天，但如果我去你家，我能立马注意到一些交谈之外的细节，因为我处在了你的环境中。我并不是不能远程工作，但我还是需要建立一种信任的关系。我们怀念这种信任，我们的顾问们也一样。

但现在我们正通过在线视频以新的方式相互了解。我的一个顾问在背景中看到了我的自行车——她是一个狂热的自行车爱好者，我们就这样立刻熟悉起来。我们要问的问题一直是，是什么能让我们加深对他们的了解？也许他们会把你介绍给他们的宠物，或者带你线上参观他家。一旦他们感到愉悦，就会更容易接受你的建议，建立更深的情感联系。

要点总结

（1）通过将在办公室工作和远程工作进行灵活结合，黄金组合模式让员工们在家工作的时间不多也不少，刚好合适。

（2）虽然大多数员工现在认为他们至少有部分时间工作，但并不是每份工作都适合远程办公。

（3）要建立你个人的黄金组合模式，看看要实现你的首要目标是更适合在办公室工作，还是更适合远程工作。

（4）在办公室工作会有一些好处，如加强与同事间的合作，与经理相互建立信任，了解公司最近发生的事情，以及工作停滞时获得动力。

（5）远程工作也有好处，如帮助你保持专注，保护不被打扰的状态以获得灵感，能有时间锻炼身体，并为跨时区或跨地区合作提供便利。

（6）在办公室工作的频率和时间安排应该基于经理和同事的日程安排，在家工作的内容安排，以及大家共同设定的目标。

（7）自由职业者可以通过找一个共享工作空间或共同工作的伙伴来获得黄金组合模式带来的好处。

（8）根据你自己的个性和价值观来决定你想要在办公室工作和远程工作之间达到的最理想的平衡，并了解这个平衡可能会渐渐变化。

结　语

转向远程工作不论是对个人还是对企业来说都是一个巨大的挑战。即使是在办公室里工作多年的人，也可能难以适应随着远程工作成为主流而出现新的要求和期待。当我们调整多年来已经形成的工作习惯和企业文化，以适应身处各地导致的分散式协作过程时，我们仍然需要弄清楚哪些需要保留，哪些需要适应或重建。

阅读本书将使你成为这一转变的领导者。无论你是一章一章地读完，每次执行一个我们提出的建议，还是一次性看完，你现在都有了提高工作效率和远程工作满意度的指南针，并能为你的经理或客户带来更好的产品。你现在知道了：

- **像一个企业一样思考。**像一个远程企业一样思考帮助你专注于提供优秀的产品，而不是每天8个小时毫无成效的工作。
- **提高工作效率的策略。**学会考虑你目标的优先级，专注于最终产品；停止过分关注细节，将帮助你把时间和注意力集中在对你、你的经理和客户最重要的工作上。将这些策略转化为一套套助你有效协调时间、技术和工作空间的体系，将帮助你每天更有效地执行这些策略。
- **远程工作技能。**加强阅读和写作等基本技能，成为一个更好的在线沟通者和会议参与者，意味着你在你所有的项目和任务中都会更有效率、更有成效。

你获得的思维方式、策略和技能可以为你和你的经理或客户带来直接的好处——创造一个双赢的局面。在本书最后几页中，我们不仅将指出这些好处对你和你的经理意味着什么，而且还将指出它们对新生的远程工作文化有何种意义。

像一个企业一样思考

现在你知道了如何像一个企业一样思考和运作，你在远程工作中将更有效率，满意度也更高。但你不一定非要相信我们的建议：你现在掌握了一套方法和工具，会让你亲自看到它们带来的影响和变化。你和你的经理或客户制定的衡量业绩成功与否的指标，你使用的自动追踪你的时间利用效率的时间跟踪器，以及对自己每周已完成工作的回顾和检查：所有这些都给了你一个完整的体系来评估你新学到的策略和习惯，看看它们如何在较少的时间内带来更好的结果。

我们鼓励你选择各种专业和个人指标，这样你就能看到将你在本书中学到的方法付诸实践后获得了哪些成效。我们建议你使用一些容易量化的指标，如你完成的销售额、你修复的软件错误的数量或你解决的客户问题。此外，还包括更多的主观指标，如你一天结束工作时的感觉（你可以用情绪跟踪应用程序来记录它），或者对每个可交付产品进行自我质量评级，或者客户的满意度。（参阅下面的"远程工作者的7个成功秘诀"，了解可以快速提高工作效率的好方法。）当你跟踪这些指标时，你可以看到你在本书中学到的新知识带给你的两个具体好处：你的工作效率会提高，你会更喜欢远程工作。这些都是像一个企业一样思考的重要回报。

远程工作者的 7 个成功秘诀

想知道从哪里开始你的远程工作之旅吗？请看下面 7 个最容易实施、最快得到回报的方法。尝试其中的一个或几个，这样你就可以看到这种新的工作方式的直接好处。

（1）**只处理一次**。如果你用这条规则处理你收到的邮件中的哪怕一小部分，你也能节省大量时间。

（2）**双栏日程表**。试着在每天的日程表上确定每次会议的目标。

（3）**索取会议议程**。每次收到会议邀请时，索取会议议程来帮助你做好准备；它能帮助你确定需不需要参加会议。

（4）**形成每日惯例**。将一些重复的决定变成惯例来消除或简化它们。

（5）**开始使用数字笔记本**。将所有笔记集中在一个笔记应用程序中，可以节省寻找重要文件的时间。

（6）**设置电子邮件过滤器**。创建几个初始电子邮件过滤器以防止接收大量电子邮件和抄送。

（7）**优先发送含有具体行动建议的邮件**。采用我们的电子邮件模板将帮助你更快地编写含有具体行动建议的电子邮件，并得到更好的结果。

企业式思维模式将使你的企业和客户受益

采用企业式思维模式不仅会让你受益，也会使你的企业受益。当你的经理或客户看到，你在安排自己的时间和任务上有一些自由度而产生更好的结果时，他们对远程工作模式将生发信心。你的经理或客户将继续为你的工作设定目标，而你将和他们合作，为这些目标制定正确的衡量指标。然而，你将在如何和何时努力完成这些指标和目标方面获得相当大的自主权。

一些公司已经认识到采用结果导向模式在员工的绩效方面带来的好处，这个模式赋予了远程员工自主权。WordPress 和其他成功的网络平台背后的推手，Automattic 公司的创始人马特·穆伦韦格（Matt Mullenweg）就曾说："对 Automattic 的大多数员工来说，你要负责的只是一个结果。你可以每周只工作 20 个小时，却完成很多事情。"[1] 欧洲最大的工业制造业巨头西门子宣布新的远程工作政策时，其副首席执行官兼人力资源总监罗兰·布施（Roland Busch）将该政策描述为"我们企业文化的进一步发展"，"展现了新的领导风格，这种领导风格关注的是结果而不是花在办公室里的时间"。[2]

当经理们知道他们可以在没有持续地管理监督的情况下从远程员工那里得到成功的结果时，他们会对黄金组合模式如何帮助分散式团队工作变得更感兴趣。这个计划能切实地削减成本：因为各个公司现在平均花费 10 000 美元为员工提供办公空间，他们可以通过鼓励员工一周至少部分时间进行远程工作来节省空间上的成本。[3] 此外，如果远程员工学会了在这种更自主的模式下有效地工作，老板们就不会觉得必须每小时或每天监督他们。这让许多高层员工有了更多可用于创造新机会或解决重大问题的时间。

---

[1] David Gelles, "An Evangelist for Remote Work Sees the Rest of the World Catch On", *New York Times*, July 12, 2020, https://www.nytimes.com/2020/07/12/business/matt-mullenweg-automattic-corner-office.html.
[2] Justin Bariso, "This Company's New 2-Sentence Remote Work Policy Is the Best I've Ever Heard", *Inc.*, July 27, 2020. https://www.inc.com/justin-bariso/this-companys-new-2-sentence-remote-work-policy-is-best-ive-ever-heard.html.
[3] Amar Hussain, "4 Reasons Why a Remote Workforce Is Better for Business", Forbes.com, March 29, 2019, https://www.forbes.com/sites/amarhussain europe/2019/03/29/4-reasons-why-a-remote-workforce-is-better-for-business/.

最后，鼓励员工像一个企业一样思考的经理能在员工敬业度和员工留任率方面看到显著的好处。新冠疫情暴发前进行的一项盖洛普调查发现，"灵活的日程安排和在家工作的机会在员工决定是否离职中发挥着重要作用。"[1]《麻省理工学院斯隆管理评论》上的一篇文章提到，当员工获得远程工作的福利，如"有更多的灵活性和自主权，能更好地处理家庭事务"（这种福利）往往能转化为更高的工作满意度、更低的缺勤率和更高的员工留任率。[2]

如果你是一名正在阅读本书的经理或主管，你能很好地帮助你的企业充分利用远程工作模式带来好处。如果在你的企业里这个模式意味着巨大的变革，那就把自己的直属团队（或特定部门）作为一个试点：首先编制一套衡量成功的指标，用这套指标来跟踪你的重要目标的进展，然后用这个结果说服其他人。（请参阅下面的"企业使用远程工作模式的7个成功秘诀"，了解你可以进行具体改革的做法。）同时，与其他企业领导（和客户）讨论为什么，以及如何改革以办公室为中心的管理模式，以便在员工分处不同地点时能更有效地开展工作。（你也可以拿本书的内容来开启你们的讨论。）

企业使用远程工作模式的7个成功秘诀

远程企业思维模式可以显著提高工作效率。当一整个团队或企业采用这种思维模式以及核心策略和做法时，你们可以单独或集体完成更多工作。以下是7个由经理或主管领导支持的能产生重大影响的变革。

---

[1] Niraj Chokshi, "Out of the Office: More People Are Working Remotely, Survey Finds", *New York Times*, February 15, 2017, https://www.nytimes.com/2017/02/15/us/remote-workers-work-from-home.html.
[2] Jay Mulki, Fleura Bardhi, Felicia Lassk and Jayne Nanavaty-Dahl, "Set Up Remote Workers to Thrive", MIT Sloan Management Review, October 1, 2009, https://sloanreview.mit.edu/article/set-up-remote-workers-to-thrive/.

（1）**建立基本规则**。起草并共享一份在线文档，涉及工作时长、会议、电子邮件和信息的收发，以简化整个团队的工作。

（2）**使用间断式协作**。利用在线会议来加速、打包和检查协作项目，同时利用远程工作来加快个人工作任务完成进度。

（3）**每周安排一对一交流**。每周为经理与每个团队成员安排一对一交流，帮助每个人不断优化他们的表现。

（4）**将绩效与目标挂钩**。与每个团队成员合作，设定优先完成目标及衡量指标，并将其作为定期绩效评估的基础。

（5）**停止每小时不间断的监控**。一旦经理们制定了绩效衡量指标，就不用再使用视频会议来追踪员工的工作进展，而且也可以减少用日程表或电脑跟踪员工进度的依赖。

（6）**灵活安排工作时间**。如果员工不必严格地遵守朝九晚五的工作时间，就能灵活地与海外的同事或客户进行有效合作，或更好地履行对家庭的义务。

（7）**考虑黄金组合模式**。使用这种混合模式的企业允许员工根据团队需要选择工作地点和工作时间。

远程工作新文化

如果你想欢迎一群新员工来到你们公司，你可能不会想着同时邀请5 000万名员工。[1] 然而，这正是2020年春天发生的事情。当时，数

---

[1] Calculated from data in *The Employment Situation*: *September 2020*, October 2, 2020, Bureau of Labor Statistics; May Wong, "Stanford Research Provides a Snapshot of a New Working-from-Home Economy", Stanford News, Stanford University, June 29, 2020, https://news.stanford.edu/2020/06/29/snapshot-new-working-home-economy/; and "Latest Work-at-Home/Telecommuting/Mobile Work/Remote Work Statistics", Global Workplace Analytics, October 10, 2020, https://globalworkplaceanalytics.com/telecommuting-statistics.

百万美国人转向远程工作。美国各地的经理必须迎接他们来到公司总部，甚至世界各地其他企业和组织也面临着同样的挑战。

一年之后，我们可以看到这些新加入的远程工作者已经适应了这种工作方式，这仿佛是播撒了一个新世界的种子。在这个世界里，员工在享受工作和生活完美平衡的同时取得了更好的业绩，因为他们利用了间断式协作来提高工作效率。在这个世界里，企业可以获得更好的结果（和更高的利润率），因为他们的员工更有效率，监管和成本更少。在这个世界里，自由职业者和小企业主可以与全职员工携手合作，因为他们之间的界限正在逐渐模糊。

但这也是一个刚刚诞生的新世界。我们这些不熟悉远程工作的人，以及那些在新冠疫情之前已经在家工作的人，都塑造了这个新世界。毫无疑问，你在同事、朋友和读者的帮助下适应远程工作时会发现，远程工作者们是一群慷慨的人：他们喜欢传播最好的工作技巧和方法，这样其他人就可以在远程办公时更有效。正是通过传递这种智慧，我们建立了对远程工作效率和满意度的规范和期望。那些了解这些规范和期望的人正在为远程工作的新文化奠定基础。

一旦你明白了像一个企业一样思考意味着什么，你就已经有资格加入他们的行列了。你现在可以实施的工作效率提高策略将帮助你成为那些仍然在学习如何远程工作的人的榜样和导师。你为企业和客户完成的工作将帮助其他人更好地理解和支持远程工作模式，因为你让他们看到了远程工作可能实现的目标。你将慷慨地分享你的新技能、策略和思维模式，你将为塑造一个蓬勃发展的远程工作文化贡献自己的力量。这些都是学着像一个企业一样思考带来的最大回报。

附录
关于数据

为了了解人们是如何适应远程工作的,我们委托 Maru/Blue 公司对 3 000 多个美国人进行了在线调查,其中 1 826 人正在远程工作;1 047 人至少部分时间在家工作。这些都是我们在 2020 年 10 月 1—7 日的研究中关注的远程工作者。

我们通过询问受访者他们有多少人同意或不同意某些陈述来衡量他们获得的自主权。对这三个陈述,受访者通过回答同意或不同意的程度来反映他们获得的自主权大小:

- 虽然我会收到任务的最后期限,也要参加会议,但关于如何安排我的工作,我可以自己做很多决定。
- 我有能力灵活地决定自己如何去做我的工作。
- 只要我完成了自己的工作,对如何以及何时去做我有很大的掌控权。

对以下这两项陈述,不同意的程度反映了他们获得的自主权大小:

- 我觉得我对工作时间和工作任务没有任何真正的发言权。
- 我真的无法完全控制我的工作安排。

为了衡量工作效率，我们的问题如下。

当你在工作的时候，你会说你：
- 在家工作更有效率吗？
- 在家工作和在办公室工作都同样有效率吗？
- 在外面工作会更有效率吗？

表示他们在家或在办公室工作效率更高的受访者被要求说出他们的工作效率的"高"是"较高"还是"高得多"。

为了衡量对远程工作的满意度，我们的问题如下。

如果你能选择，你更愿意：
- 一直在家工作？
- 一直在家外工作？
- 部分时间在家工作，部分时间在家外工作？

来源：2020年10月1—7日 Maru/Blue 公司综合问卷调查